我的真实人生

安徒生自传

（丹麦）汉斯·克里斯蒂安·安徒生　著

王娱瑶　译

江苏凤凰文艺出版社
JIANGSU PHOENIX LITERATURE AND ART PUBLISHING, LTD

图书在版编目（CIP）数据

我的真实人生：安徒生自传 /（丹）汉斯·克里斯蒂安·安徒生著；王娱瑶译. — 南京：江苏凤凰文艺出版社，2017.7

ISBN 978-7-5594-0784-9

Ⅰ. ①我… Ⅱ. ①汉… ②王… Ⅲ. ①安徒生(Andersen, Hans Christian 1805-1875)—自传 Ⅳ. ①K835.345.6

中国版本图书馆 CIP 数据核字(2017)第 155833 号

书　　名	我的真实人生：安徒生自传
著　　者	（丹）汉斯·克里斯蒂安·安徒生
译　　者	王娱瑶
责任编辑	袁　媛　王宏波
出版发行	江苏凤凰文艺出版社
出版社地址	南京市中央路 165 号，邮编：210009
出版社网址	http://www.jswenyi.com
印　　刷	南京新洲印刷有限公司
开　　本	880 毫米×1230 毫米 1/32
印　　张	5.125
字　　数	165 千字
版　　次	2017 年 7 月第 1 版
版　　次	2021 年 5 月第 2 次印刷
标准书号	ISBN 978–7–5594–0784–9
定　　价	27.00 元

（江苏凤凰文艺版图书凡印刷、装订错误，可向出版社调换，联系电话：025-83280257）

目 录

第一章 故事的开端

我的一生是个有趣的故事，快乐并充满了偶然。假如我还是个出身贫苦又没有朋友的小男孩，能碰到一位好心的仙女对我说："现在你可以选择自己的人生道路，选择你将为之奋斗的目标，我会按照你日益成熟的思想，在合乎逻辑的情况下，指引你、保护你直至愿望的达成。"即使如此，我的命运也不会比现在更快乐，更稳妥，或者更好。我将用自己的一生告诉这世界，也是世界告诉我的一句话——有位仁慈的上帝，他已经对一切作了最好的安排。

我的故乡——丹麦，是片诗意的土地。这儿延续着民间的传统和古老的歌谣，它动荡的岁月和瑞典、挪威的历史紧密相连。丹麦的岛屿上生长着美丽的榉木林、玉米地和苜蓿田：这些小岛仿佛一个个庞大的花园。在绿色的岛屿中，有个叫弗能的小岛，弗能岛上的奥登赛，便是我出生的地方。根据古老的传说，异教徒的神奥丁曾住在这里，奥登赛因此而得名。这是个省会城市，距离哥本哈根二十二里[1]。

在1805年，这里有一对年轻的夫妇，他们住在简陋的小屋里，彼此深爱着对方。丈夫是位制鞋匠，还不到二十二岁，他心灵手巧，有着真正的诗人气质；妻子比他还要年长几岁，她对生活和世界一无所知，却有一颗善良、充满爱的心。这个年轻男人自己动手做了制鞋用的木凳和床架，开始了生计。就在不久前，他用来做床架的那块木架上还安放着已逝的特兰佩伯爵的棺木，木架上残留的黑布保存着人们对那件事的记忆。

1805年4月2日，躺在这块木头上的不再是黑纱丧烛环绕着的贵族遗体，而是个活蹦乱跳，哭泣不止的婴儿——那就是我，汉斯·克里斯蒂安·安徒生。

据说我出生的那天，父亲坐在床边大声朗读着赫尔拜[2]的作品，而我却啼哭不止。“你不能睡觉吗？或者静静地听？”父亲开玩笑地说。我却继续哭着，即使去教堂做洗礼的时候，我也大声啼哭，以至于那位脾气火爆的牧师说：“这个小孩像只野猫在叫呢！”我的母亲永远忘不了这话。担当教父的戈玛，是位穷困的外乡人，他在一边宽慰着母亲，说我小时候哭得越大声，长大后歌声就会越动听。

鞋匠铺子、床和我的摇篮，几乎就填满了我们的小屋。这便是我童年的安乐窝。墙壁上画满了画，制鞋凳上面的橱柜里装着书籍和歌本，小小的厨房里，堆着闪亮亮的盘子和铁锅，有一把梯子可以爬上屋顶。在我们和邻居的房子之间有一口填满了泥土的大缸，那是我母亲的私人花园，她在里面种了各种蔬菜。在我的童话《白雪皇后》里，那个花园里依旧鲜花盛开。

[1] 这里的里为丹麦计量单位。

[2] 赫尔拜：Ludvig Holberg（1684—1754），作家、散文家、哲学家、历史学家和剧作家，出生在挪威卑尔根，生存于丹麦—挪威时期，之后生活在丹麦。他被认为是现代丹麦和挪威文学的创始人。

我是家中的独生子，几乎被宠坏了。母亲一直告诉我，我比曾经的她要快乐得多。我就像贵族的孩子一样被抚养长大。母亲小的时候被父母撵出家门去乞讨，她一旦讨不到钱就会在桥洞下抽泣着坐上一整天。我在《即兴诗人》中的老多米尼卡和《小提琴手》中克里斯蒂安的母亲身上，从不同的角度融入了我母亲的性格。

我的父亲对我是有求必应，我占据了他的心，他为我而生活。礼拜天的时候，父亲为我做透视玻璃、排各种各样的戏剧和图画给我看。他给我读赫尔拜的剧本和阿拉伯故事。在我的记忆中，只有在这些时候父亲才会真正地开心起来，因为作为一个手艺人他的一生从未感到过快乐。他的父母曾经住在乡下，家境宽裕。可是家中接连遭受了不幸。牲畜死了，农场的房子失火烧毁了。他父亲失去了理智，于是母亲带着他来到欧登赛，让满腹才学的儿子去鞋匠那里做了学徒。尽管他曾热切地梦想能去语法学校学习拉丁文，但也没有别的选择了。几位富裕的市民有次提到这事，商量过凑钱资助他上学，以助他有更好的发展机会。可他们也仅仅是说说而已，我可怜的父亲看着自己的理想化为泡影，他从未忘记过这些。记得儿时有一次，我看见他眼含泪水，那是因为语法学校的一个学生来我们家做新靴子。他拿出课本，给我们看他所学的功课。“那是我本应该走的路啊！”父亲说，他激动地吻着我，一晚上都异常沉默。

他很少和同行们交往。礼拜天他会带着我去林中散步，出门时他都不多话，只会静静地坐下，陷入沉思。而我则在旁边乱跑，把草莓系在一根稻草上，那是在五月，林子里的树木都冒出了第一抹新绿。母亲身着一件棉布长袍，我记得那是她的假日服装，她只有在这时和领圣餐的时候才会穿。她总是从树林里带回许多新鲜的树枝，把它们栽种在一块假山石的后面。在后面的日子，我们房梁的缝隙里就会插上些圣约翰草的枝桠，大家将这些植物的生长看作是预示我们生命长短的象征。绿色的树枝和墙面装点着我们的小屋，屋子总是被母亲打扫得干净整洁。家里的床单和窗帘也总是雪白的，这是母亲特别引以为豪的一件事。

祖母每天都要来家里待一会儿，看望她的小孙子。我是她的开心果，她是位安静、特别和气的妇人，生着温柔的蓝眼睛，身材娇小，饱受了生活的考验。她嫁给一位农民，曾过着舒适日子，现在却穷困潦倒，和神志不清的丈夫住在一间小房子里，这房子是他们仅存的一点可怜的财产。我从未见她流过一滴眼泪。不过让我印象最深刻的是她静静地叹着气，对我讲她家族的故事。她的外祖母是卡塞勒城里的贵族小姐。用祖母的话说，她嫁给了一位“喜剧演员”，并与他私奔了，因此她失去了高贵的身份，从此过起了苦日子。我实在记不起祖母提到的她外祖母的姓氏，不过祖母娘家的姓是诺梅森。她受雇打理一个疯人院的花园，每个礼拜天她都给我们带来些鲜花，因为雇主允许她带些花回家。这些花儿装点了母亲的碗柜，可它们都是属于我的，我会将它们插在装满水的玻璃杯里。这是多开心的一件事啊！她把花儿全带来给我；她全心全意地爱着我。我明白这一点，也理解她的心情。

祖母每年要焚烧花园里的垃圾两次，这个时候她会带我一起去疯人院，我就躺在高高堆起的绿叶和秸秆上。我可以在花丛中尽情玩耍，而且我在这里会比在家里吃得更好，因此我特别重视这样的机会。

那些没有暴力倾向的病人都可以在院子里自由走动，他们常常来到花园里，而我怀着好奇和恐惧听他们说话，跟着他们走动。哦，我甚至曾冒险尾随护理人员跑去看那些发疯的病人，有一条长长的走廊通向他们的病房。有一次，趁着护士不在面前，我趴在地板上，透过一个病房的门缝朝里面看。我瞧见一个女人，几乎一丝不挂地躺在稻草床上。她的头发垂落在双肩，正唱着歌，嗓音很美。突然她一下子跳起，扑到我正趴着的门前，门上递送食物的小窗口被撞开了。她朝下瞪着我，向我伸出老长的胳膊，我惊恐地尖叫起来，我感到她的手指碰到了我的衣服——护士赶来的时候，我已吓得半死。许多年过去了，那情景和感觉仍然在我灵魂里保留着印记。

就在树叶焚烧处的附近，是一群老妇人纺织的屋子。我常常跑去那里，很快就迷上了那地方。在这些老人中间，我发现自己变得伶牙俐齿，这让她们很是惊奇。我曾经在偶然中听说过一些人体器官的知识。虽然也是一窍不通，可这些神秘的知识让我着迷。于是我用粉笔在门上画了大量的图案，用来代表肠子等器官，我画的心脏和肺也让他们印象深刻。她们说我这样异常聪明的孩子，恐怕活不长久。作为对我能说会道的回报，她们也讲故事给我听。于是一个像一千零一夜那样丰富的世界展现在我眼前。老妇人们口中的故事和疯人院里的精神病人，同时给我带来了巨大的压力以至于天黑的时候我都不敢出家门，于是家人允许我在日落时分就躺在父母那张挂着长长花帘子的床上。我自己的折叠小床不能太早就放下来，免得占去了屋子的空间。这会儿，我就躺在大床上做着白日梦，仿佛现实世界完全不关我的事。我非常害怕我神志不清的祖父，他只对我说过一次话，还用了正式的代词"您"。他平时喜欢用木头刻奇怪的形象，比如长着兽头的人啊，还有生着翅膀的野兽。他把这些木雕装在筐子里，背到乡下去，在那里他将这些古怪的玩具送给孩子们，因此他所到之处都特别受农妇的欢迎。有一天，他回到奥登赛时，我听见街上的男孩们跟在他身后大喊，我惊恐地躲到一截楼梯后面，因为我知道，我和他流着相同的血液。

我周围的每一件事物都激发着我的想象力。曾经的奥登赛都没有一艘蒸汽船，与其他城市也少有往来，它与我们现在所生活的奥登赛截然不同。而由于这里的许多风俗都流传于古老的时代，一个人很容易就把自己想象成生活在几百年前的时代。行会队伍整齐地走过小镇，队伍前面是拿着锤子和铃铛的小丑演员。周二忏悔日里，屠夫们牵着最肥壮的牛走在街道上，牛被花环围绕着，背上还骑了一个穿白衬衣、肩上有一对大翅膀的男孩。水手们列队穿过城里，鼓乐震天，彩旗飘扬，然后两个最勇敢的水手会在一块木板上摔跤，那木板就搭在两只小船中间，没有被扔下水的那位便是赢家了。

不过，在我的记忆中留下更特别的印象，并不断更新的事件，是1808年西班牙人来到弗能岛。的确，那时的我不过三岁，可我仍清楚地记得那些深棕色皮肤的外国人在街上引起的喧闹，以及被烧毁的经文。我看见人们躺在教堂旁边的草堆上，那教堂已经塌了大半，附近就是疯人院。有天，一个西班牙士兵把我揽在胳膊弯里，将他戴在胸前的银章按在我嘴唇上，我记得母亲为此很愤怒，因为她说，那是天主教徒的举动。可那枚银章，那个带着我跳舞、亲吻我又哭泣的奇怪男人都让我感到开心，他必定是在西班牙的家乡也有孩子。我还看到他的一个同伴被处死，因为他杀了一个法国人。许多年以后，我在一个偶然的机会中，将这个小场景写进了我的一首小诗《士兵》，夏米索[1]将它译成了德文，后来被收入了《士兵歌谣手册》里。我很少和其他男孩一起玩耍，即使在学校里我也对他们的游戏没什么兴趣，总是宅在室内。在家中我有好多玩具，都是父亲为我做的。我最大的爱好是为我的娃娃们做衣裳。或者跑到院子里，从我种下的醋栗丛中折下两根枝丫，将母亲的围裙撑在墙边，然后观察被阳光照得透明的叶子。我是个特别爱做梦的孩子，并一直喜欢闭着眼睛转悠，以至于别人都以为我视力不好，但事实上我是在特别培养自己的观察力。

在秋收季节，母亲时常会去地里捡麦穗。我跟在旁边，我们就像圣经里的露丝一样，去博阿斯肥沃的地里拾麦穗。有一天我们来到一个地方，那里的看守人是出了名的粗鲁凶悍。我们看见他拿了一个大鞭子走过来，母亲和其他人都跑开了。我光脚穿着木鞋，在匆忙中跑掉了鞋，又被荆棘扎伤了，一个人被甩在了后面。那个人追上来，举

[1] 夏米索：Adelbert von Chamisso（1781—1838），德国诗人，植物学家。

起鞭子要抽我，这时候我盯着他的脸，不由得大喊道：“上帝在看着呢，你怎么敢打我？”那个强壮、木讷的男人看看我，随即变得温和了。他拍拍我的脸蛋，问了我的名字，还给了我钱。当我把钱拿给母亲看时，她对周围的人说：“他真是个奇怪的孩子，我的汉斯·克里斯蒂安，每个人都对他很好，那个坏家伙居然还给他钱呢！”

我怀着虔诚和迷信的心长大了，我从没有过多的奢望，在我眼里，父母仅仅有足够的东西来度日，而我至少是什么都不缺的，还有位老妇人帮忙把父亲的衣服改小了给我穿。我时不时会跟着父母去剧院，在那我看的第一部戏是德语的*Das Donauweibchen*[1]，是城里最受欢迎的戏剧，我还第一次看到赫尔拜《乡间的政客们》作为歌剧上演。

一座剧院和拥挤的观众给我的第一印象，和我埋藏在心中的诗情毫无关系，但我第一次看到这么多人时，我惊呼道：“啊！要是我们能有像这么多人一样多的黄油，我就能吃到好多黄油了！”不过剧院很快就成了我最喜欢的地方。由于我能去那的机会很少，我就和贴海报的人交上了朋友。他每天都给我一张海报，于是，我坐在角落里，看着海报上的幕名和角色，想象整部戏的样子。那便是我不知不觉的首次创作。

父亲最喜欢阅读戏剧和小说，当然他也看一些历史故事和经文。他读书后总会静静地思索一会，等他对母亲说起自己的想法时，母亲却无法理解，因此他变得越来越沉默。有一天，他一边合上圣经一边说：“基督是个凡人，但却是位伟大的凡人！”母亲听到这些话都吓哭了。我忧心忡忡地向上帝祈祷，求他原谅父亲亵渎的话语。“所谓的魔鬼只存在于我们的心中。”有天我听见父亲这样说，不禁为他的灵魂感到难过起来。一天早上，父亲醒来发现手臂上有三道抓痕，也许是指甲不小心挠破的，而这时我便和母亲以及邻居们达成了一致的想法，

[1] 德语，多瑙河姑娘。

认为必定是魔鬼在半夜造访了他，以向他证明魔鬼的存在。父亲越来越频繁地去树林里散步，他一刻也不消停。他怀着焦虑与好奇的心情关注报纸上报道的德国战事，这些事完全占据了他的脑子。拿破仑则是他心中的英雄：这位出身平凡的伟人为他树立了完美的榜样。那时候丹麦与法国是盟国，到处都在讨论战争。父亲入伍当了兵，期待能作为一名中尉回到家乡。母亲流下眼泪，邻居们耸耸肩膀，说他在干蠢事，这样无缘无故地跑出去送死。军队出发的那天早晨，我听见父亲有说有笑，还开心地唱着歌。可我看得出来他内心异常激动，因为道别时他是那样热切地吻着我。那时我得了麻疹，独自躺在屋里，只听见鼓声响起来，母亲流着泪陪父亲往城门口走去。他们刚走，我的老祖母就进来了，她用那双温柔的眼睛看着我说，万一我离开这人世，倒也是件好事。然而上帝的旨意总是最好的。那是我记忆中第一次感到真正的悲伤。

军队只前进到荷尔斯泰因，战争就结束了。刚当上志愿兵的父亲又回到了作坊里，一切恢复了旧貌。我再次和娃娃们玩耍起来，自编自导着德语戏剧，因为我只看过德语戏剧。不过我的德语都是胡编乱造出来的，其中只有一个真正的德文单词："Besen"[1]这是我从父亲带回来的荷尔斯泰因方言里学会的。

"我的旅行还是带给了你一些好处嘛。"他开玩笑说，"只有上帝知道你将走多远，可你自己也要上心。考虑下吧，汉斯·克里斯蒂安！"可是母亲表示，只要她在这件事上还能插上嘴，我就该待在家里，而别跟父亲一样外出流浪，把身体都弄坏了。

这便是父亲的情况，他的身体垮了。有天早晨他在一阵狂野的激动中醒来，不住地说着革命运动和拿破仑。他想象着自己接到了拿破仑的命令，要为他效力。母亲立马让我出去请人。不是去请医生，而

[1] 德语，扫帚。

是找了奥登赛外面一位有名的“老妇人”。我跑去她那儿，她问了我一些问题，用一根毛线量了量我的手臂，又摆了些奇怪的手势。最后，她在我胸口放了一根绿色的小树枝。据她说，这树枝就来自救世主被钉十字架的那种树木。

“去吧，”她说，“沿着河边回家去吧！如果这时你的父亲死了，你就会遇见他的灵魂。”我的焦虑和忧愁可想而知。那时我满脑子的迷信思想，一不小心想象力就会被激发出来。“而你什么也没遇见，是吗？”回到家时母亲问我。我的心怦怦跳着，我向她保证我谁也没有遇到。三天后，我的父亲去世了。他躺在床上，于是我和母亲一起睡。一只蟋蟀在我们耳边叫了一整晚。“他死啦，”母亲说，她强调着：“你别再叫他了，冰姑娘把他带走了。”

我明白了母亲的意思。我想起过去的冬天里，当我们家的窗户格子被冻起来时，父亲会指着它们，然后拿一个雕像给我们看，那是位伸着双手的少女。“她是来抓我的！”他开玩笑逗我们。而如今，当他死去的身体躺在床上时，我的母亲想起了这件事，这想法也占据了我的脑海。父亲被葬在圣·克努德教堂的墓地里，就在从圣坛出来的左手门边。祖母在他的坟上种了些玫瑰花。现在那里还有两个陌生人的墓，上面也长满了青草。

父亲去世后我就完全一个人了。母亲出去帮人洗衣服挣钱。我独自待在家中守着我的小小剧院，给娃娃做衣裳，念剧本。大家夸我总是干干净净，穿戴整齐。我长高了，有着一头长长的、明亮的黄头发，从来不戴帽子。我家旁边住着位牧师的遗孀——布克弗罗德太太，她和死去丈夫的妹妹生活在一起。这位夫人为我敞开了家门，这也是我第一次受到有教养家庭的欢迎。那位过世的牧师是位诗人，也曾是丹麦文学界的知名人士。那时他写的纺织歌谣在许多人口中传唱。后来我在写丹麦诗人志时，歌颂了这位已经被后辈忘却的人：

纺锤吱吱响，
纺轮悠悠转，
纺织歌谣已远去；
这青春的歌声，
会化作心中永存的旋律。

在这里，我第一次听到“诗人”这个词，它带着令人景仰的语气，听上去又是那样神圣。虽然，父亲已经为我读过赫尔拜的戏剧，可在这里，她们所说的不是戏剧，而是诗句和诗歌。“我的诗人哥哥。”布克弗罗德的妹妹这样说，此时她的双眼便会放出光芒。她让我知道，成为一个诗人是件光荣和幸运的事。也是在这儿，我第一次读到了莎士比亚。说实话那是个糟糕的译本，然而文中那些大胆的表述，英雄事件，巫师与鬼魂的出没却正合我胃口。我立即在自己的小木偶剧场里上演了莎士比亚的戏。我看到了《哈姆雷特》里的鬼魂，也和李尔王一起流落荒野。剧本中有越多的人死去，我就越觉得有意思。这时我也写出了自己的第一个剧本：其实是一个悲剧。所以，剧中所有的人物后来都死去了。剧中的主题来自一首古老的歌谣，是关于希腊神话皮拉摩斯[1]和提斯柏[2][3]的故事。不过我增加了一些情节，让一位隐士和他的儿子都爱上了提斯柏，而当后者死去的时候他们也都自杀了。隐士的很多台词都来自《圣经》里的文章，我从小教义手

[1] 皮拉摩斯：Pyramus。
[2] 提斯柏：Thisbe。
[3] Pyramus 和 Thisbe 是巴比伦城中一对年轻的恋人。他们是邻居，因为父母不准他们两人在一起，他们只能透过墙缝偷偷地互诉衷肠。终于有一天他们忍不住要跑出去幽会，约在尼努斯王墓旁的一棵桑树下见面。Thisbe 先到，但是看见一只母狮走来，嘴边还有猎物的血，Thisbe 吓得跑去山洞躲起来，慌乱中面纱掉在了地上。母狮在泉中饮水之后，偶然撕碎了面纱，离开了。Pyramus 来到这里，看见撕碎的面纱，以为 Thisbe 已经丧生猛兽之口，悲痛之下拔剑自杀，鲜血喷在桑树上，将白色的桑葚染成深红色。Thisbe 回来看见此情此景悲痛欲绝，痛哭哀号了一阵，也用同一把剑自杀。最后，众神因为听到 Thisbe 的哀歌被感动，决定让桑葚永远成为深红色的，以纪念这对不幸的恋人。

册上抄下来的。我给这幕戏起名为《阿伯尔和艾尔维拉》。

“我看应该叫‘河鲈和鱼干’（这里是一个谐音的玩笑）吧。”有个邻居跟我开了个俏皮玩笑，那会儿我正怀着极大的满足和喜悦对街道上所有的人读了自己的作品。我大受打击，觉得他让我的人和我的诗都变得荒唐可笑。我忧愁不安地告诉了母亲。

“她这样说，”母亲回答，“只是因为她儿子写不出来这个。”我终于欣慰了，又开始创作新剧，剧中有对角色是国王和王后。我认为，这些像莎士比亚戏剧中走出来的尊贵人物，是不应该像普通的男人和女人一样说话的。我问了母亲，还问了许多人国王应该怎样说话才合适，可是没人能说出个所以然来。人们说奥登赛已经多年没有来过国王了，不过如果有，他必定是说着外国话的。于是我自创了一种词汇库，里面有德语、法语和英语单词，这东西帮到了我。我从每种语言中挑出一个单词，插进国王和王后的台词。这很像《圣经》里的常用语，我自认为这种语言很适合这样的高端人物。

现在我渴望让每个人都听到我的剧本。把它大声读出来让我倍感幸福。并且认为，其他人听到时也应该有着同样的感觉。

我们有位邻居的儿子在服装厂上班，每星期都带些收入回家，而我却无所事事，按人们的话说，一无所成。我也准备去工厂上班了，“不是为了赚钱，”母亲说，“而是让别人知道你曾经在什么地方工作，都做了些什么。”

于是我的老祖母带我去了那地方。她很激动，因为她说从未想过在有生之年能看到我和工厂里衣衫褴褛的穷小子们混在一起。

工厂里许多熟练的工人都是德国人。他们爱唱歌，是些快乐的家伙，他们开着粗俗的玩笑，让车间里气氛欢乐。听到他们的话，我觉得在天真孩子的耳朵里，那些不纯洁的东西着实令人费解。我也没想把它们放在心上。那时候我有着一副引人注目的、女高音般的动听嗓音，我自己也很清楚这点。因为当我在家中的小花园里唱歌时，街上的人们会驻足倾听，附近国会议员家中的园丁们也会站在篱笆旁听着。所以，当工厂里的人问起我是否会唱歌时，我毫不犹豫地开口了。所有的织布机都停了下来，工人们都竖起耳朵听我唱歌。我不得不一遍又一遍地唱，让其他的男孩帮我干活。这时我告诉他们我还会演戏，我知道赫尔拜和莎士比亚的每一幕戏。每个人都喜欢我，这样一来，我快乐地度过了在工厂的第一天。然而有一次我正唱到最拿手的高音，当大家为我的美妙嗓音喝彩时，有个工人说我其实是个姑娘，不是男孩。他一把抓住了我，我又哭又叫。其他人被逗乐了，他们紧紧抓住了我的胳膊和腿。我大声尖叫，像女孩一样害羞不已。随后，我冲出他们的包围跑回了家，母亲立即跟我保证再也不会让我回去那里。

我又开始拜访布克弗罗德太太了，我还为她的生日设计编织了一块白色的丝绸针垫。我也结识了邻里间另一位牧师的遗孀。她允许我为她大声朗读她从巡回图书馆里拿到的书。记得有本书的开头是这样一句话："这是一个暴风雨的夜晚，雨点敲打着窗框。""这是本不同寻常的书。"老夫人说。我很无知地问她是怎么知道的。"我从它的开头就晓得，"她说，"后面的内容会不同寻常。"她的洞察力让我心怀敬畏。

有个秋收季节，母亲带我走了很多里路，去拜访她故乡伯恩瑟附近的一位贵族。那里住着一位夫人，母亲曾和她的父母一起生活过，并承诺有一天会来看望她。对我来说那是一次很棒的旅行：我们一路上几乎都在步行，并且花了两天的时间在路上。乡村给我留下了特别深刻的印象，以至于我梦想着能永远待在那儿，成为一个农民。那正是采摘啤酒花的季节，我们同一大群农民坐在谷仓里，大家围着一个大桶拣啤酒花。大家一边干活一边讲故事，每个人都说起他见到过或是经历过最有意思的事情。有天下午，我听到其中一个老人说，上帝知道一切，包括已经发生的和即将要发生的。这观点占据了我的大脑。傍晚时我从院子里往回走，路过一个很深的池塘，水面上露出几块石头。我站在石头上，脑海里突然飘过一个想法：上帝是否真的知道这里发生的一切呢？是的，他现在决定让我活着，活到很老。可是，如果我现在跳进水里淹死自己，那不就违背了他的意愿了嘛？突然间我就下定决心要淹死自己。我走进深水处，随即一个新的想法又掠过我的灵魂。“刚才那是魔鬼想要控制我呢！”我大叫一声，飞也似的逃离了那个地方，仿佛身后有人追赶着。我哭着扑到母亲怀中。可不管是她还是旁人，都没能弄清楚我哪里出了毛病。“他肯定是看见鬼啦。”一个女人说。我自己也几乎相信了这说法。

我的母亲后来又嫁给了一位年轻的手艺人，他也出身于工匠家族，可他的家人却认为这桩婚事配不上他，从不允许母亲和我去拜访他们。我年轻的继父性格阴沉，从来不过问我的教育。于是我整日沉浸在自己的西洋镜[1]和木偶剧里，最开心的事就是收集一堆色彩鲜艳的布片和丝绸，剪剪缝缝。母亲认为我天生要做个裁缝，这倒是很好的早期训练。然而我却表示要去剧院当演员，这恰恰是母亲最极力反对的职业，因为她所了解的剧院里的人都是些吊儿郎当的玩家和杂耍艺人。那不行，我必须而且应该做个裁缝。在此基础上唯一能补偿我一点的就是，我当了裁缝后能有一堆碎布料来充实我的小剧场。

那时候，我热衷阅读，熟记了许多戏剧场景，又有着一副好嗓子，这自然引起了奥登赛一些较有势力的家庭的注意。他们邀请我去做客，被我独特的个性所打动。在关注我的人们中，有一位霍格·古德伯格上校，他们一家人给予了我最亲切的关怀，也是他将我引荐给了现在的国王，当时的克里斯蒂安王子。

我迅速地长成了一个高挑的少年，母亲说她再也不能让我继续无所事事下去。于是她把我送去了慈善学校，学习宗教、写作和算术。

[1] 透过小孔看的画片。

我的算术一塌糊涂，也很少能把单词拼写正确。每次校长过生日时，我都会为他编一个花环，并写一首诗送给他。他开心又觉得好笑地接受了，可最后一次他责骂了我。街上的少年们都从父母口中听说了我的古怪念头，大家都说我以后是要进入上流社会的。因此有一天一群野孩子追赶着我，大声嘲弄道："看啊，这个剧作家跑得多快啊！"我跑回家，躺在角落里抽泣着，默默向上帝祈祷。

母亲说我必须行坚信礼[1]了，这样才可能进裁缝铺里当学徒，做些踏实的事情。她全心全意地爱着我，却无法理解我的行为和动机，其实那时我自己也不明白。周围的人又总看不惯我的古怪举止，觉得我荒唐又可笑。

我们属于圣·克努德教区，行坚信礼的候选人会在神父或者牧师那里登记。所谓的上流家庭和语法学校的学生都会去神父那里，而穷人的孩子则归为牧师门下。不过我却申请去神父那边，他勉强接受了我，尽管觉得我存了一丝虚荣心。在他的教徒中，我的位置虽然最低，但还是比牧师带的教徒们要高。我自己却宁愿相信我的动机不仅仅是虚荣心。我对那些嘲笑我的孩子心存恐惧，我的内心被语法学校的学生所吸引，总认为他们比其他孩子要好。当我看到他们在教堂的大院子里玩耍时，我会站在栏杆外面，梦想自己成为这些幸运儿中的一员。不是想和他们一起玩，而是羡慕他们有那么多书刊，羡慕他们将来会有所作为。跟神父在一起，我就有机会加入他们，踏上他们的地盘。可如今我却记不起他们中的任何一个，因为当时我们之间几乎没有什么交流。每天我都感觉自己被扔在了一个我不配待的地方。尽管如此，还是有位小姑娘，一位来自上流家庭的姑娘（我在后面还会提起她），她总是温柔而和善地看着我，甚至有一次给了我一枝玫瑰。我

[1] 坚信礼是基督教中很重要的一个仪式，是坚定对基督教的信念的仪式，一般在少儿十四岁时进行。孩子只有被施坚信礼后，才能成为教会正式教徒。

回家时满心欢喜，终于有一个人不再轻视和排斥我了。

一位老裁缝用我已故父亲的大衣为我改制了行坚信礼的衣服，我还从未穿过这样好的外套呢！我也生平第一次拥有了一双皮靴。我高兴坏了，生怕别人看不到我的新靴子，于是我把裤腿塞在靴子里，大踏步地朝着教堂去了。靴子吱吱作响，我暗自得意着，因为这样一来周围的人肯定都能听出来我穿了双新靴子。

我的整个坚信礼仪式都被打扰了。我自己也明白，我花在靴子上的心思比花在上帝那里的多，这也让我一阵惶恐。于是我在内心里真诚地祈祷着，希望上帝能原谅我，而不一会儿我又想着那双新靴子了。

在家乡的最后一年我攒了笔小钱，大约有三十先令，这么多钱让当时的我喜出望外。这时母亲又更加坚决地命令我去学裁缝，而我恳求道我想去趟哥本哈根，去看看世界上最伟大的城市。“你去那做什么啊？”母亲问。

“我会出名的。”我说，然后就告诉她许多我读到过的名人事迹。“那些人，”我说，“一开始都经历了重重困境，然后他们就成了名人。”

我那时的目标真是模糊不清。我哭着乞求母亲，最后她从医院找来一位能通灵的妇人，据说她能从咖啡渣和纸牌里读出我的命运。“你儿子会成为一个杰出的人，”那老妇人说，“奥登赛有一天会为了他而张灯结彩。”

听到这话，母亲流泪了，终于答应了我的请求。邻居们劝说她，这样放任十四岁的我独自跑去哥本哈根实在是太鲁莽了，旅途那么长，大城市又是错综复杂，而我在那里谁也不认识。

“是的，”母亲答道，“可他让我不得安宁啊！我没办法才答应的，不过我肯定他不会走出尼堡。当他看见汹涌的大海，肯定会害怕得跑回家来的。”

就在我行坚信礼前的那个夏天，奥登赛来了一群皇家剧院的歌唱家和演员，他们带来了一系列歌剧和戏剧。整个城市都被他们迷住了。那时我已经和票务人员关系很好了，我可以在幕后看到演出，甚至还客串了报幕员、牧羊人这样的小角色，说过几句台词。遇到这种机会我总是热情高涨，当演员们到场换服装时，我已经穿戴完毕站在那里了。这样一来我得到了大家的关注，我孩子气的举止和热情逗乐了他们。他们亲切地和我交谈，而我看着他们，像瞻仰着下凡的神灵们。此前人们对我嗓音的夸奖，对我出口成章的赞许，现在都变得明晰起来。我就是为戏剧而生的，我要在剧院里成名，为此哥本哈根成了我努力的目标。一位经纪人曾对我提到哥本哈根的大剧院，他说那里上演一种叫作“芭蕾”的剧，比歌剧和戏剧都要高级。特别是有位舞蹈家——沙尔小姐的名字被多次提到。于是她成了我心中的女王，我想象着自己一旦获得她的支持，那就能够得到想要的一切了。我怀着这样的想法跑去找老印刷工艾弗森，他是奥登赛最受人尊敬的市民之一。听说他和来市里演出的演员们也打过交道，我想他一定也认识那位著名的舞蹈演员。我要请求他为我写一封介绍信，剩下的事就交给上帝去安排啦。

第一次见面，老人和蔼地听我讲述了自己的愿望。可他极其诚恳地劝阻了我，还说其实我可以学着做生意。“那可会是一项大罪过啊！”我回答道。我说话的神态吓了他一跳，也让他对我有了好感。他承认自己与那位舞蹈家并没什么私下的交情，但他仍然可以为我写封推荐信。我拿到了信，心想我的目标几乎就快实现了。

母亲把我的衣服打成一个小包，又和一位邮局的车夫讨价还价，最后人家答应回哥本哈根的时候捎上我一起，路费要三个利克斯银圆[1]。我们是在一天下午出发的，母亲陪我走到城门口，我的老祖母也来了，最近几年她美丽的长发都变成了灰白色。她扑在我怀里哭泣，哭得说不出话来，这让我深受感动。我们就这样分开了。我再也没有

[1] 利克斯银圆：rix dollars banco，丹麦古代铸币。

见过她。我走的第二年，她就离开了人世。我甚至不知道她的墓地在哪儿，只知道她长眠在贫民区的公墓里。

邮车夫吹起了号角。这是个美丽而晴朗的下午，阳光洒满了我孩子气的脑袋。一路上所有新鲜的东西都让我高兴，因为我正驶向自己渴望许久的梦想之地。而当我来到大贝尔特海峡中的尼堡，被送上船，离我故乡的岛屿越来越远时，我才真正感到自己的孤单和无助。除了上帝，我真的无依无靠了。

我一踏上锡兰岛[1]，就躲到岸边的一个小棚屋后面，跪下来祈祷，祈求上帝为我指引方向。这么做让我安心了一些，我坚信上帝，坚信自己的好运。整整一天一夜，许多城市和乡村从我面前掠过。邮车停下来卸货时，我就独自站在一边，啃着面包。心想，我已经走进广阔的世界了。

[1] 锡兰岛：Zealand，又叫西兰岛，是丹麦首都哥本哈根所在的岛屿。

第二章 被点亮的梦想

1819年9月5日，礼拜一的早晨，我第一次从弗莱德里克斯堡登高远眺，看到了不远处的哥本哈根城。就在这儿我拿着自己的小包裹下了邮车，走过城堡下的花园，走过长长的小巷和城郊，走向哥本哈根。

在我到达的前夜，一场犹太人骚乱爆发了，后来又蔓延到很多欧洲国家。整个城市都在暴乱中。人们全跑到了大街上，哥本哈根的吵闹和躁动声传了好远。而那时我却在想，这真是个伟大的城市。

我口袋里只剩十块钱，住进了一个小公共旅馆。我漫步在街头，首先找到了一个剧院。我一次次地在那里徘徊，仰头看着那些高墙，几乎把那里当成了一个家。有个每天都在这里转悠的票贩子看到了我，问我要不要一张票。我是那么天真无知，还以为那人要送我一张票呢，于是感激地接受了。他却以为我是在耍他，十分生气。我害怕了，匆匆离开了那地方，离开了那城市里我的最爱之处。那时的我怎能想到，十年后我的第一场戏剧就在那里上演！我也想不到自己会以这样的姿态出现在丹麦的公众视野里。第二天我急急忙忙地去找沙尔夫人，给这位著名的舞蹈家送我的推荐信。我穿着行坚信礼时的服装，当然少不了那双靴子。此时它们已经被穿旧了，自然也就被藏在了裤脚下。我穿戴上最好的行头，头上顶着的帽子几乎遮住了一半眼睛，就这样我去了。在按门铃之前，我双膝跪在门外向上帝祈祷，请求他给予我帮助与支持。一位手挎篮子的女仆走下台阶，她亲切地朝我微笑，给了我一斯吉林[1]，然后就走了。我惊讶地看着她，还有她给我的钱。我穿着坚信礼的服装，自认为看起来还挺潇洒的。可她怎么会认为我是个乞丐呢？我在后面叫住她。“拿着，拿着吧！”她回答道，转身走了。

最后这位舞蹈演员终于接见了我。她非常惊奇地看着我，听我说明了来意。她完全不了解写这封信的是何许人物，而我的出现和行为在她看来也是太奇怪了。我向她坦承了我对戏剧的衷心向往。当她问到我能胜任什么角色时，我回答说“灰姑娘”。皇家剧团曾经在奥登赛排演过这出戏，我太喜爱戏中的主角们了，因此凭着记忆就能演好这个角色。同时我请她允许我脱掉靴子表演，以表现出灰姑娘的轻盈。然后我脱下头上的宽边帽当作手鼓，开始边唱边跳：

在这里，没有等级，没有贫富，找不到痛苦和忧愁。

看着我手舞足蹈，做出古怪而激烈的动作，沙尔夫人觉得我定是脑子出问题了，她一刻也没耽搁，迅速打发了我。她介绍我去了剧院的经理那儿应聘。经理看看我，说我“太瘦了不适合演戏”。“哦，”我答道，“只要您给我一百利克斯银圆的薪水，我很快就能长胖的！”经理的脸色一沉让我走人，还加上一句，“我们只聘用有教养的人”。

我站在那儿，觉得很受伤。整个哥本哈根没有一个人能给我一点

[1] 斯吉林：skilling，斯堪的纳维亚旧铜币和货币单位。

指导或者宽慰。我想到了死亡，这可能是我唯一的也是最好的出路。不过即使在这种时候，我也像孩子信赖父亲一样完全地信赖上帝，我所有的思想也都紧紧地依附于他。我流下苦涩的眼泪，对自己说："当一切都变得无比糟糕时，上帝就会伸出援手。"书上都是这样写的。人们在取得成就之前，都必须经历许多的苦难。

我去剧场买了张《保罗与弗吉尼亚》的戏票。这对爱人的分离让我十分心碎，以至于在座位上痛哭流涕。坐在我旁边的几位女士安慰着我，说这仅仅是一出戏呀，没必要让自己太伤心。她们还给了我一个香肠三明治。那时候我对每个人都抱有很大信任，于是我坦率地告诉她们：我不仅仅是为保罗和弗吉尼亚哭，还因为我把这剧场就当作了我的弗吉尼亚，万一我不得不与她分离，那我就会像保罗一样悲惨。她们看着我，似乎并不理解我的意思。然后我又说起我为什么会来到哥本哈根，我在这儿是多么孤苦无助。于是其中的一位妇人又给了我更多的食物，有面包、黄油，还有水果和蛋糕。

第二天早晨我付完账单后，意识到了更多的麻烦：我全部的财产就只剩一个利克斯银圆了。现在我只有两条路可走：要么搭船回家，要么找家作坊当学徒。我想了想，第二条路算是更聪明的选择，因为我一旦回到奥登赛，还是得当学徒做类似的事情。另外我很清楚，如果回去了，肯定会受到大家的嘲笑。对我来说学什么手艺都无所谓，我只是想待在哥本哈根，养活自己。于是我买了张报纸，招聘广告上有位家具工匠在招学徒。老板和善地接待了我，不过他说在正式接收我之前还得证明我的身份，要看到我在奥登赛的受洗记录。第二天早上六点我去了他的作坊：那里有些熟练工人，两三个学徒。老板还没有到，于是他们都散漫起来，有说有笑。他们很快发现我像女孩子一样害羞，便不厚道地合伙来捉弄我。后来那帮年轻人对我的粗鲁玩笑太过火了，以至于我一想到作坊里的场景，就下定决心再也不要在那里多待一天。我跑去老板那里，告诉他我实在无法忍受。他试着安慰我，却没什么用，我的情绪太激动了，匆忙离开了那里。

现在我又在大街上乱逛，没人认识我，我实在是很孤单。随后我想起来曾在奥登赛的报纸上读到过西伯尼，一个意大利人的名字，他是哥本哈根音乐学院的指挥家。大家都说我的嗓音好听，兴许他能看在这点上帮帮我呢。如果不成，那我当天晚上就要找到一个愿意捎我回家的船主。想到回家的旅程，我的心绪更加激动，就在这样的挣扎中我去了西伯尼的家。

那天正好他在家举办一个盛大的晚宴。我们著名的作曲家维泽[1]就在那里，还有诗人巴格森[2]和其他客人。女管家为我开了门，我对她说了我想当歌唱家的愿望，还有我的全部身世。她满怀同情地听了我的故事，然后走开了。我等了很久，她一定是对大家详细复述了我的话，因为过了一会儿，门开了，所有的客人都出来看着我。他们请我唱歌，西伯尼很专心地听着。我表演了赫尔拜的一场剧目，还背了几首诗。然后，突然之间我的不快境遇一齐涌上心头，忍不住哭了出来。但所有的人都在为我鼓掌。“我敢预言，”巴格森说，“有一天他会有所作为的！但是当有一天全世界的人都为你鼓掌时，也不要自负！”他又说了一些话，关于自然纯真的本性如何常常被岁月和人际交往所破坏。那时的我一点也听不懂这些话。

西伯尼答应指导我声乐，以助我将来成为皇家剧院的歌唱家。我太高兴了，又哭又笑。女管家送我出门时，看到我激动不已的样子，她揉揉我的脸颊，告诉我明天得去找维泽教授，他有意帮我一把，我也可以依靠他发展。我见到了维泽教授，原来他也出身贫苦之家，他对我的伤心处境感同身受，并捐助给我七十利克斯银圆。这时我给母亲写了第一封信，信中充满了快乐，感慨着整个世界给我带来的

[1] 维泽：Christcpher Ernst Friedrich Weyse（1774—1842），丹麦音乐家。
[2] 巴格森：Jens Immanuel Baggesen（1764—1826），丹麦诗人。

好运。母亲很开心，把信拿给她所有的朋友看。有些人听说后感到惊奇，其他人还是一笑置之，谁知道将来结果会是怎样呢？为了和西伯尼顺利交流，我很有必要学一些德语。城里有位妇女热心地帮了我，我们曾一同从奥登赛来到哥本哈根。她认识一位语言老师，愿意免费教我点德语，就这样我学会了一部分德语表达。西伯尼让我去他家，请我吃饭，并教我音乐知识。可是那个冬天我不得不穿着双破了的鞋子，又没有暖和的冬衣穿，被冻坏了。我的嗓子也因此坏了，或者说是受了伤。西伯尼婉转地告诉了我这个消息，建议我还是回奥登赛学一门手艺。我正怀着色彩斑斓的梦想，和母亲诉说着自己的快乐，而现在却要回老家，成为大家的笑柄！想到这里我万分痛苦，恨不得找个地洞钻下去。然而，就在这巨大的不幸中，恰恰出现了一块踏脚石，促使我迈向了更好的命运。

当我发现自己再一次被遗弃，苦思冥想下一步该怎么做时，我忽然记起了诗人古德伯格[1]也在哥本哈根。他的兄弟古德伯格上校住在奥登赛，上校曾经待我很好。那时候他住在市区外围的新墓园附近，他在自己的诗歌里多次描绘了那个美丽的地方。我写信给他，讲述我的一切。后来我又上门拜访，看见他本人被一堆书和烟斗包围着，他身体健壮，对人很热情，也和善地接待了我。他看到我写的错误百出的信，答应帮我进修丹麦语，还考了我一点德语，又想着最好也能帮我提高一下德语能力。不仅如此，他还将刚刚出版的一本书的收益赠给我作礼物。这本书后来出了名，我想价值都超过了一百利克斯。维泽教授和其他人也给予了我资助。

我已经住不起旅馆了，不得不想办法租一个住处。不谙世事的我找到了一位寡妇的房子，就在哥本哈根最破烂的街区之一。她很乐意让我住进去，而我从未考虑过这周围有着怎样的环境。她是位刚强

[1] 古德伯格：Frederik Hoegh Guldberg（1771—1852），丹麦诗人。

但很活跃的老妇人，她将城里其他地方的人说得那样恐怖不堪，直到让我相信只有住在她家里才是安全的。她租给我的房间要价每月二十利克斯。那只是间空的储藏室，没有窗户，黑洞洞的，不过我可以在她家客厅坐坐。头两天我还尝试着和她讨价还价，之后她告诉我，要么决定住下来，要么马上走。我本来就容易与人亲近，这时已经很喜欢和她待在一起了。可是维泽告诉过我不要接受租金超过十六利克斯的房子，这是他和古德伯格给我资助的数目，除此之外我便没钱支付其他费用了，这让我十分烦恼。当老妇人出门时，我坐在客厅的沙发上，对着她亡夫的画像沉思起来。

那时的我真的完全是个孩子。当我的眼泪滚落下脸颊时，我用泪水抹湿了画像上的眼睛，希望这位死去的人能感受到我的难处，并影响他妻子的想法。想必是看到我身上再也榨不出什么油水了，老妇人回来时竟愿意把租金降到十六利克斯。我感谢上帝，也感谢她死去的丈夫。住进来后我才发现自己身处哥本哈根的神秘事件中，却不知道该如何表述它们。在这所房子里，还有位和善的年轻夫人独自居住着，她经常哭泣，每天晚上她的老父亲都会来看她。我常常去为他开门，他穿着平常的外套，脖子上紧紧地打着领结，帽子遮住了眼睛。他总是过来和女儿一起喝茶，这时候没人敢接近他们，因为他不喜欢有旁人在。对他的来访，女儿也从来没有表示出高兴。许多年以后，当我的生活上了一个新台阶，当精彩而优雅的世界朝我打开大门时，我们又见面了。那是一天晚上，在灯火辉煌的大厅中间，我看到了一位彬彬有礼的老绅士，他身上挂满了勋章——他就是那位曾经穿着寒酸外套的老父亲。当年他来拜访时，几乎不曾注意过为他开门的我，可那时的我也仅仅关注着自己的戏剧表演。我是那样的孩子气，整天捣鼓着我的玩偶剧场，给娃娃们做衣裳。为了得到些色彩艳丽的布料，我还跑去店铺里讨过各式的图案和花边。我自己身无分文，每个月都提前把所有的钱交给房东太太。当我时不时为她跑个腿办个事时，她会给我点报酬，都被我用来买旧剧本了。我过得很快乐，特别是当古德伯格教授介绍我去演员林格伦那里接受培训时，我更是加倍地开心。林格伦是当时剧院里的第一位戏剧演员。他教我一些赫尔拜戏剧中的角色，比如亨德里克，还有个傻男孩，在这个角色上我还挺有天分。然而我最渴望扮演的是柯勒乔[1]，尽管林格伦允许我以自己的方式学习这出戏，但他还是半开玩笑地问我，我是不是真想扮演这位伟大的画家呢？我声情并茂地表演了画廊中的一段独白作为回答。此时这位老人拍拍我的肩膀，说："你对表演是有感觉的，不过你千万不要当演员，尽管上帝才知道你将来会怎样。去和古德伯格谈谈学习拉丁文的事情吧，这常常会成就一个大学生。"

我，一个大学生！这样的念头我可是从来没有过。剧院离我更近，也更亲切，可我一直以来也很想学拉丁文。在与古德伯格谈到这个话题前，我和那位教我德语的夫人提了这事。可她告诉我拉丁文是世界上最昂贵的语言，要想免费学习是不可能的。古德伯格竟办成了这事，他的一位朋友出于好心，每星期给我上两堂课。

舞蹈家达兰也为我敞开了大门，他的妻子是当时丹麦一流的艺术家。我在他们家中度过了许多个晚上，温柔善良的女主人对我很好。她丈夫带我一起去舞蹈学校，对我来说，这又是向剧院靠近了一步。我在学校花一上午的时间在长凳上拉伸双腿。尽管我一心往好处想，达兰还是认为我充其量也只能胜任女配角的角色。然而我还是得到了一点优待，在晚上，有时我可以待在舞台的幕布后面，甚至能坐到女配角的包厢内最后一排凳子上。我认为自己已经一只脚踏进了剧院，尽管我还从未真正站在舞台上。

有天晚上剧院上演了一场小歌剧《两个小萨瓦人》，有一幕戏是在

[1] 柯勒乔：Correggio（1494—1534），真名安托尼奥·阿来里，是16世纪早期的创新派画家，也是意大利文艺复兴时期最伟大的画家之一。作为壁画装饰艺术的开拓者，他画了很多颇有影响的圣坛画，还有许多小型的宗教绘画。

集市上，这时候所有人，包括机械师们，都要上台填满场景。我听到此事，在脸上擦了点粉，欢天喜地地跟别人一起上去了。我穿着平常的衣服，那件坚信礼外套还没散架，只是经过洗刷缝补，看起来很邋遢，我的大帽子则直接垂到了脸上。我对这身穷酸相很有自知之明，巴不得躲进人群里不被发现。可我越是想躲，我的动作就越显眼。我不敢直着身子，可是这样一来，因为我长高而变短的背心就显得更短了。我很清楚大家看到了会寻我的开心。可是，在这一刻，我只顾着体验第一次踏上舞台台阶的幸福感。我的心怦怦直跳，我朝前迈去，这时有位歌手出来了，那人在当时还颇受欢迎，现在却已被忘却。他一把拉住我的手，嘲弄地向我问好。“请让我向丹麦人民介绍你吧！”他把我拉到聚光灯前。大家会嘲笑我的——我能感觉到，泪水滚落下脸颊。我挣脱开来，在万分痛苦中离开了舞台。

这件事过去后不久，达兰排演了一出芭蕾舞剧《阿尔米达》，让我在剧中扮演一个幽灵的小角色。在这场戏里，我认识了诗人海贝格[1]的夫人，如今她已是丹麦舞台上享有盛名的女演员。那时候她还是位小姑娘，也扮演了一个角色，我俩的名字一起被印在了海报上。我的名字竟然被打印了出来！那真是我生命中重要的时刻。我似乎从中窥见了一丝不朽的光环。那张海报我真是看也看不够。我连晚上睡觉时都抱着芭蕾舞剧的剧本，躺在烛光下读着自己的名字——我名字的字母缩写，我是那样地幸福。

我在哥本哈根已经两年了，我得到的那笔资助金已经花完，可我还是为自己要屡次求助于别人而感到惭愧。我搬去了另外一处，房东夫人的丈夫生前曾是一艘商船的主人。她家只提供给我住处和早餐，那是段沉重、阴暗的日子。

[1] 海贝格：Johan Ludvig Heiberg（1791—1860），丹麦诗人，评论家，1831 年与伟大的戏剧演员 Johanne Luise Pätges（1812—1890）结婚。

房东太太总以为我每天跑去不同的人家里吃饭，而我其实只是坐在皇家园林的长凳上啃一点面包。偶尔我大着胆子走进最低档的小餐馆，点一道他们最便宜的菜。说实话，我是十分孤单的，可我自己对这种境况全然不知。我把每一个与我和气说话的人都当作可信任的朋友。在我的小屋里，上帝则与我同在。很多个夜晚，当我做晚祷时，我像个孩子一样问他：“我以后会更好吗？”我自认为，只要在新年的第一天我能过得更好，那么一整年里我都会有好运。我最大的愿望是能在一出戏里扮演一个角色。

新年到了。剧院关了门，舞台上空无一人，只有位快瞎了的看门人坐在入口处。我蹑手蹑脚地走过他身边，来到那些活动的布景和幕布中间，走到了舞台的前面。我跪倒在地，可脑海里一片空白，想不起一句台词。后来我大声背诵了主祷文，便出去了。我想，既然我在新年的第一天站到舞台上说了话，那么这一年中我定能够成功地到舞台上说更多的话，也一定能得到一个像样的角色。

在哥本哈根住了两年，我从来没去过郊外。只有一次我来到公园里，在那儿我全神贯注地观察着那些熙熙攘攘、开心享乐的人群。第三年年初，在一个春日的早晨，我第一次走出城市开始了冒险。我来到弗莱德里克堡的花园，这是弗莱德里克六世夏季的行宫。突然，我发现自己站在第一棵开花的大山毛榉树下。阳光照透了每一片绿叶，空气里弥漫着一种芳香，一丝新鲜感，鸟儿歌唱着，让我开心地情不自禁大叫起来，甩开双臂抱住这棵树，亲吻着它。“这人疯了吗？”我身后传来一个声音，他是城堡里的一位仆人。听到这话，我吃惊地跑开了，一路上我若有所思，平静地回到了哥本哈根城。

与此同时，我的嗓音恢复了一些。合唱学校的老师听说后，让我进了学校，希望我能通过合唱团的训练积累更多的舞台经验。我心想这样我也许能看到一条崭新的路。我离开舞蹈学校，进入了合唱团，有时扮演牧羊人，有时扮演战士，剧院就是我的整个世界。我进入了这个圈子，可是我的拉丁文并未因此有所进益。很多人说在合唱团里并不需要用到拉丁文，那么即使不会这门语言，我也有可能成为一名优秀的演员。我深以为然，于是经常借故或者无故缺席晚上的拉丁文课。古德伯格知道了这件事，于是我第一次遭到了劈头盖脸的责备。我想，即便是罪犯被宣布死刑的那一刻，也不会比我感到更难受。此时我心中的悲痛一定写在了脸上，因为古德伯格告诉我："别再演戏惹人笑话了。"可我并没有在演戏啊！我不再学习拉丁文。我感到自己前所未有地依赖着他人的善举。我怀着忧郁而真诚的想法渴望着未来，因为我想要一个像样的生活，在其他的时候我完全像孩子一样没心没肺。

著名的丹麦国会议员克里斯蒂安·科尔伯约生的遗孀和女儿是我这穷苦少年结识的首批上流社会女性，她们友善地对待我，同情我的境遇，也常来看我。封·科尔伯约生夫人夏天时居住在巴克哈斯，诗人拉贝克[1]与妻子也住在那里。拉贝克从没和我说过话，不过他活泼而好心的妻子常常与我聊天。那时我已经开始写悲剧了，并把我的剧本大声读给她听。听到第一幕时，她就立刻指出："可是这几段都是奥伦施拉格[2]和英格曼[3]作品里的原话啊？""是呀，可是它们多么优美啊！"我天真地回答，继续读下去。

有一天，我从她家里出发去找封·科尔伯约生夫人，她递给我一束玫瑰，说："你帮我把这花带给她好吗？她会很高兴能从一位诗人的手中收到花儿的。"她是半开玩笑地说出这些话的。可这是第一次有人将我的名字与"诗人"联系在一起。这句话穿透了我的身体和灵魂，我顿时热泪盈眶。我开始明白，从这一刻起，我真正走向了写作与诗歌。从前，这仅仅是我的木偶游戏里的一项消遣。

[1] 拉贝克：Knud Lyne Rahbek（1760—1830），一位丹麦文史学家、批评家、作家、诗人、杂志编辑。
[2] 奥伦施拉格：Adam Gottlob Oehlenschläger（1779—1850），丹麦诗人、剧作家。他将浪漫主义介绍给了丹麦文学界。
[3] 英格曼：Bernhard Severin Ingemann（1789—1862），丹麦小说家，诗人。

在巴克哈斯还居住着蒂勒[1]教授，那时他还是位年轻学者，但也已经编写了《丹麦民间传说》，因解答巴格森之谜并写出了优美的诗歌而为大众所知。他是位多愁善感、充满灵气、真诚的人。他安静而专注地留意着我的成长，直至我们成为朋友。在那时候，他是极少数对我说实话的人。其他很多人只是拿我寻开心，在我身上他们只看到滑稽的一面。人们开玩笑地称我为“小演说家”，都带着一种好奇心来看我。他们在我身上找到了乐趣，而我却将每一个笑容都误认为是赞许。后来，有一位朋友告诉我，蒂勒第一次见到我大约就是在这个时期。那是在一位有钱商人家的会客厅里，人们正开心地和我逗乐子。他们想让我诵读自己写的诗歌，而当我满怀深情地开始朗诵时，欢乐的气氛就变成了对我的怜悯。

每天都有人对我说，如果我能上学，那该是件多好的事儿。人们建议我努力做学问，可是没有任何人出手帮我一把。为了维持生存，我已经疲惫不堪了。于是我想到要写一部悲剧，投稿给皇家剧院，如果他们采用了我便能得到一笔钱去上学。其实古德伯格教我丹麦文的时候我已经写出了一个悲剧，它出自一个德国故事，名叫《林中的教堂》。只是我写这个剧本仅仅是为了练习语言运用，而古德伯格又坚决禁止我把它拿给别人看，我自然不会这样做。所以我用自己的素材创作了这部戏，在十四天里写了《文森堡的强盗》[2]，这是出民族悲剧。全文中几乎没有一个单词是拼写正确的，因为我决定独立完成写作，没有寻求任何人的指导。然而还是有一个人知道了我的秘密，她就是我在奥登赛曾遇到的年轻姑娘。在我准备行坚信礼的那段日子里，她是唯一一位对我友善的人。就是通过她的介绍我认识了科尔伯约生一家人，并由此陆续被他们圈子中另外的家庭所认识和接受。她花钱请

[1] 蒂勒：Just Mathias Thiele（1795—1874），丹麦作家和艺术史学家。
[2] 文森堡是弗能岛上的一个小村子。

人准备了一份清晰的副本，并送给别人阅读。六周后，我收到了退稿和一封信。信上说，如此缺乏基本知识的作品，通常是不大可能被接受的。

1823年5月，就在剧院的旺季结束时，我收到了老师们的一封信，告知我不必再去合唱团和舞蹈学校了，并说明我在学校参加的学习对我的发展无益，但他们也希望我能获得一些朋友的帮助去接受教育，否则我的天赋就浪费了。我再一次感到自己被丢弃在广大的世界里，孤独无助。如今我很有必要写一个剧本，而且必须要被剧院接受，除此之外没有其他办法了。因此，我以一段历史为背景写了一出悲剧，名叫《阿尔芙索尔》。我对第一幕戏很满意，于是立即带着剧本找到了丹麦的莎士比亚译者——阿德米拉尔·伍尔夫——他如今已不在人世。那时他善意地听我读完了剧本，在随后的几年里，他的家庭给了我最友好的接待。当时我还结识了著名的物理学家奥斯特[1]。对我来说，直到今天他的房子都给我家一般的温暖，让我产生了深深的依恋，在那里我收获了最长久而坚定的友情。

那时还有位德高望重的本地牧师古特菲尔特对我写好的悲剧给予了最真诚的帮助。他为我写了一封推荐信，寄给剧院经理。我的心悬在希望和恐惧之间，整个夏天我都因为希望而倍受煎熬，不过我没有告诉任何人。当然我曾体会过很多人对我的同情，一旦他们知道了肯定会尽可能地帮助我。出于虚伪的羞耻心，我隐瞒了自己的窘境。但我的内心仍然充满欢乐，因为我第一次读到了沃尔特·斯科特[2]的作品。他为我打开了新世界的大门，我忘记了现实，把吃饭的钱都拿去图书馆借书了。

[1] 奥斯特：Hans Christian Ørsted（1777—1851），丹麦物理学家，化学家和文学家。在物理学领域，他首先发现载流导线的电流会产生作用力于磁针，使磁针改变方向。在化学领域，他发现了铝元素。19世纪后期，在科学方面的后康德哲学和演进，由于他的写作而更见雏形。他创建了“思想实验”这名词，他也是第一位明确地描述思想实验的现代思想家。

[2] 沃尔特·斯科特：Walter Scott（1771—1832），英国著名的历史小说家和诗人。

当时的议员，科林先生，是丹麦最有名望的人物之一。我对他的一切都那么景仰，他的身上完美结合了尊贵与善良的气质，对我来说他就像第二位父亲，他的孩子也像是我的兄弟姐妹。我终于第一次见到了这位优秀的先生。那时他担任皇家剧院的院长，人们都对我说如果我能引起他的兴趣，那就最好不过了。不知是奥斯特还是古特菲尔特先在他面前提起了我，于是我第一次来到他的家，那所之后成为我心爱之地的房子。在哥本哈根的城墙扩建以前，这房子就坐落在城门外，供西班牙大使在夏天居住。而现在，它成了一所棱角分明、歪斜的建筑，立在一条庄严的街道上。一个老式的木制阳台通向大门，一棵大树撑起绿色的枝叶，覆盖在庭院和尖尖的围墙上。这就是那所即将成为我第二个家的房子。有谁不会对自己的家尽心回忆和描述呢？

我对科林的第一印象只是一位埋头工作的人，他话不多，语调严肃。我离开时，丝毫不指望这个人能给我什么同情和帮助。然而科林就是这样的人，他发自内心地为我着想，并且默默地为我做事，就像他在卓有成效的一生中帮助其他人一样。可是那时候我并不理解他在听到人们的述说时表现出的镇静，其实他的内心正十分苦恼，并且总会充满热情地努力思考着，他知道怎样去帮助他人。他看到我带去的剧本，并没表现出太多的触动，而我已经被其他人的奉承话冲昏了头脑，以至于把他看作了一位敌人而不是保护者。

过了一段时间，剧院的经理们让我过去，拉贝克将未被录用的剧本还给了我。他们说，由于剧本中还是有很多闪光点的，希望我通过刻苦的学习和深造，结合以前的知识储备，有一天能够写出一部真正的可以拿到丹麦舞台上演出的作品。

为了让我获得必要的生活和教育支持，科林将我推荐给了国王弗莱德里克六世，国王给了我数年的资助。另外，也是通过科林的努力，高等学校管理部答应让我免费去斯拉格斯市的语法学校读书，据说那儿正好新聘请了一位活跃的院长。这样的惊喜让我几乎说不出话来：我从未想过自己的人生会朝这样的方向发展，尽管我对现在将要走的路也并没有把握。我将坐上最早一班的邮车去斯拉格斯，那儿距离哥本哈根有十二里路，诗人巴格森和英格曼就是在那里上学的。科林会每季度给我一笔钱，我的一切事项都可以倚仗他，而他则会监督我的学业和督促我进步。

我再次拜访科林先生，向他表达了我的感激之情。他温和而亲切地对我说："如果有任何需要，尽管写信给我，并且告诉我你的近况。"从这一刻起我触及到了他的内心深处，一个父亲所能做到的也不会比他更多了。没有人比他更真心地为我的快乐、为后来公众对我的认可而感到喜悦；没有人比他更耐心地分担我的伤心时刻；而我可以自豪地说全丹麦最优秀的人物之一将我视为自己的孩子。他施予我这些善举时，从未在语言或者表情上使我感到不快。而我在自己命运的转折点，要向其他人致谢时，并不总是有这样的幸运。有时候人们会提醒我不要忘了自己的贫穷，以及这次是多么走运。科林的话语却像出自父亲之口一样温暖，我对他所做的一切感激不已。

我的旅程就这样仓促地决定了，但我自己还有些事情要安排。来自奥登赛的一个熟人答应将《阿尔芙索尔》印出来，他正为一位寡妇经营一家小印刷厂。这样我就可以出售剧本得到一点收入了。在付印前，我必须找到一批预订客户。可惜没有人愿意预订，我的手稿就躺在印刷间里，我准备去把它拿回来时，小印刷厂已经关闭了。多年以后，这个剧本竟然被印了出来，这出乎我意料，也并不符合我的期望，剧本的内容丝毫没有更改，却也没有署我的名字。

在一个美丽的秋日，我坐上邮车出发了，从哥本哈根到斯拉格斯开始我的学生生涯。我旁边还坐着一个年轻学生，他一个月前刚刚通过第一次考试，现在回去他在日德兰半岛的家，汇报自己的学业，并看望父母亲和朋友。他正为眼前的全新的生活而欣喜万分。他说如果他是我，不可能再去上一次语法学校，那绝对会成为世上最不幸的人。可我怀着一颗乐观的心，朝锡兰岛上这个小城前进。我给母亲写了一封欢喜的信。我多么希望父亲和老祖母还活着，能听到我要去上语法学校的消息。

第三章 求学之路

我是在夜里到达斯拉格斯的，我住进了一个小旅店，问老板娘城里有没有什么好玩的去处。

“有啊，”她说，“一辆新的英国消防车和帕斯特·巴斯托姆图书馆。”这些恐怕就是城里所有的名胜了。骑兵团里的几位长官就构成了这里的绅士圈子。每个人都知道别人家中发生了什么，比如哪位学生在班里的成绩进步了，或是下降了，立刻就会传遍邻里。这儿有间私人剧院，每到彩排的时候，语法学校的学生和镇上的女仆们可以随意出入，这剧院也是小城里的一大谈资。这里距离森林很远，离海岸就更远了。只有一条邮车大道穿过城市，车轮滚滚前进，邮车的号角声时时回响在空中。

我的房东是一位可敬的上流社会的孀妇。从我的小屋里可以看到外面的花园和田野。在学校里我上的是最低的年级，和一帮小男孩在一起——因为我实在是什么基础也没有。事实上我成了一只被关进笼子里的野鸟。我是一心想要好好学习的，可是一下子手忙脚乱了，就像是被突然扔进了大海里，海浪一波接着一波。语法、地理、数学——我觉得自己被课程淹没了，担心自己永远也学不会这么多知识。院长特别热衷于嘲弄别人，轮到我的时候当然也没有例外。当时他在我面前就像是位神灵，他说的每一个字我都无条件地相信。有一天他提问我时我答错了，他便说我是个蠢货，我和科林提到了这事，告诉他我是多么焦虑，恐怕我根本不配得到这么多人的帮助。科林给了我安慰。很偶然地，在有一些事情上，我取得了不错的成绩，老师们都会衷心地鼓励我。尽管有所进步，我还是对自己越来越没有自信。不过在第一阶段的考试中，院长竟表扬了我，他还在我的成绩单上写上了同样的话。为此我很开心，随后去了趟哥本哈根。古德伯格看到我的进步，热情地招待了我，称赞我勤奋。第二年夏天，他在奥登赛的兄弟资助我回了趟家乡，自从我离家后就再没回去过了。我穿过贝尔特海峡，徒步走到了奥登赛。当老教堂高耸的尖塔在我眼前越来越清晰时，我的心情也越来越激动。我深深地感受到上帝对我的关怀，忍不住流下了泪水。母亲见到我欣喜万分，伊韦尔森和古德沃格两家人都热情地接待了我。在家乡的大街小巷，人们打开窗户看我，因为大家都知道我取得了多么显著的成绩。而当一位德高望重的市民领我去他家建造的一座高塔，登顶远眺时，我看着脚下的城市和周围的乡村，医院里有几个看着我长大的老妇人抬头指向我，一时间我幻想着自己已经站到了人生的顶峰。

然而，我一回到斯拉格斯，这种荣耀的光环就消失了，我自己的荣耀感也一丝不留。我自问是勤奋学习的，也尽可能快地升到了高年级。可是升级带来的相应的压力也更大，以至于我怎样努力也不足以获得好成绩。多少个晚上，当睡意渐浓时，我用冷水冲洗头发，或者跑到僻静的小花园里，直到自己清醒，可以重新温习书本。院长上课时，总要花一部分时间插科打诨，给人起绰号，而且并不是些善意的玩笑。后来他一进教室我就因为焦虑而反应迟钝，常常答非所问，于是又更加焦虑。我在这儿的结果会是怎样呢？

我在消极的心态下写了一封信给统管语法学校的校长，他是对我最友善的人之一了。我在信里写道，我觉得自己天资太差，没有能力再学习，哥本哈根那些资助我的人都浪费了他们的钱财，我恳求他能够给我一些建议和忠告。这位杰出的先生给我回了封特别友好、宽慰的信，用温和的语言给我打气。他说院长对我没有恶意，这只是他的教学方式而已。我已经取得了大家所期待的进步，并且不应该怀疑自己的能力。他告诉我他开始学业时比我年纪还大，是个二十三岁的农家小伙子。我的不幸只是在于大家本应将我和其他学生区别对待，可是在学校里这几乎是不可能的。但事情进展得很顺利，我与老师和同学们也都相处得很好。

每个礼拜天我们都得去教堂听一位老牧师布道。他布道时其他的学生都在下面看历史和数学书，我看的是宗教作业，想着这样做应该会少一些罪过。在校园生活中，私人剧院的日常彩排是一大亮点。彩排场地在后面的一栋附楼里，隐约还能听到奶牛的叫声。舞台上的街道布景是一幅画，画的正是城里的集市，这让观众看起来很是亲切。人们常常因为看到了自己家的房子而发笑。

我很喜欢在礼拜天的下午去安特沃斯考夫城堡，那时候城堡才废弃了一半，它以前是个修道院，我在残破的地下室里挖掘探险，把那里当作了一个庞贝城。我还常常闲逛到圣·安德斯的十字架旁，就在斯拉格斯的一块高地上，那是当时丹麦天主教会竖立的木十字架之一。圣·安德斯是斯拉格斯的一位神父，他曾去圣地旅行。在旅行的最后一天，他站在墓地前祷告了太久，回去的船没有等他就开走了。他十分苦恼地沿着海岸行走，一个骑驴的人看见了他，就捎上他一起上路。很快他就睡着了，醒来时他听见了斯拉格斯的钟声。他本人则躺在休憩山的顶上，也就是现在这十字架耸立的地方。而一年零一天以后，那艘遗弃他的船才到达家乡，原来带他回来的是一位天使。这个传说，还有他醒来的地方，都是我最喜欢的。从这个地方我可以看见大海，还有弗能岛，在这里我可以尽情幻想。当回到住处，我的责任感便把思绪牢牢锁进了书本里。

我最最快乐的时光，是在一个周日去了斯拉格斯两英里外的索洛城。那正是树木葱翠的时候，索洛城就坐落在树林的中间，湖水环绕四周。诗人赫尔拜在这里成立了贵族们的学院。这儿的一切都沉浸在宗教般的静谧里。我来到这儿拜访新婚的诗人英格曼，他现在是一位教师。在哥本哈根他已经客气地接待过我，在这里我受到了他更加热情的欢迎。对我来说，他在这儿的生活简直就是个美丽的童话。他的窗边缠绕着鲜花和藤蔓，屋里摆着许多著名诗人的画像和其他名画，格外引人注目。我们在湖上荡舟，风儿把船帆吹得鼓鼓的。英格曼谈兴很浓，他那位优秀而和蔼的妻子就像姐姐一样待我——我多么爱这些人啊！我们的友谊随着岁月延续了下去。从那次起，我几乎每个夏天都去做客，他们让我感受到，有一些人的生活环境可以为他人带来进益。曾经的不快经历都随之消失，整个世界也再次沐浴在阳光里。

在贵族学院的学生中，有两位是写诗的。他们知道我也写诗后，便与我亲近起来。有一位是佩蒂特，他后来翻译了我的好些书，当然他是出于好意，但翻译得并不精准。另一位是诗人卡尔·巴格尔[1]，他是丹麦文学史上最有才华的人之一，却受到了不公正的评判。他的诗歌充满了新鲜感和创造力，他的小说《我兄弟的生活》写得真挚感人，但丹麦《每月文学评论》的书评家却说，这部作品不懂得讲述立场。这两位同学与我差别很大：他们的血管里都流动着欢快的血液，而我却敏感又孩子气。在评价我功课的成绩单上，我通常都会拿到“非常好”的评语，可是有一次，我竟然只得到了“比较好”。我像孩子一样焦急万分，还为此给科林写了一封信，严肃而认真地向他保

[1] 卡尔·巴格尔：Karl Bagger（1807—1846），丹麦诗人。

证，尽管我只拿到了“比较好”的评语，但我其实并没有做错什么。

语法学校的院长很快就厌倦了斯拉格斯，他申请到了赫尔辛格语法学校的空缺职位。他告诉了我这个消息，并且和蔼地说，我可以写信给科林，申请陪他一起去赫尔辛格。到时我可以住在他家里，甚至现在就可以搬去他家；半年后我就能成为大学生，而留在这里是不会有什么前途的。到时他可以专门给我上拉丁文和希腊文的课。他在给科林的信中也讲述了这一切。后来我看到了这封信，信中他大加赞扬我的学业，我取得的进步，还有我的优秀能力，这让我觉得他可能完全搞错了，因为我曾经因为完不成他的要求而经常哭泣。我根本不知道他对我是这样的欣赏，否则我便会干劲十足，而且没那么多压力了。相反的，他的不断责备让我很压抑。当然科林很快答应了这件事，我便搬去了院长的房子里。可是，唉！那是间多么不幸的住所。

我陪他去了赫尔辛格，那是丹麦最怡人的地方之一，紧邻这里的松德海峡不到一里宽，看上去很像丹麦和瑞典之间的一条蓝色大河，每天有上百艘不同国家船只经过。冬天的时候，结冰的海水成了两个国家之间的一座坚固桥梁，当春天来临，冰块融化时，又像是一座漂浮的冰川。这儿的景色让我心动，可我都不敢多看一眼。学校的课程结束后，院子里的门通常就锁上了，我不得不留在闷热的教室里学拉丁文，或者和孩子们一起玩耍，或是待在自己的小房间里，我从未出门拜访过任何人。我在这个家庭里的生活是记忆中最黑暗的一段。我几乎崩溃了，每天晚上祈祷时都恳求上帝让我摆脱这一切，让我死去吧。我对自己一丁点自信都没有了。我在写信的时候从未提过自己的艰难处境，因为院长以取笑我为乐，总认为我的感受荒唐可笑。我从来没有抱怨过任何人，除了我自己。我知道在哥本哈根，人们一定会说：“他根本没有志向去做任何事，一个不切实际的人在现实中是不会成功的。”

在这段日子里，我写给科林的信件都表现出消极绝望的思想，这让他很是担心。可人们认为我并不需要帮助，他们觉得这是我的性情所使，而不是由于受到了外部因素的影响。事实上我的性格是最欢快不过的了，一丝阳光就能触动我的心。可一年中，只有当我在唯一的假期里回到哥本哈根时，才能感到快乐。

这可是天大的改变！能够有那么些天走出院长家的屋檐，住进哥本哈根的一所房子里，这儿花香四溢，干净整洁，生活精致而舒适。这里是阿德米拉尔·伍尔夫的家，他妻子给了我母亲般的慈爱，他们的孩子也对我真诚相待。他们的居所属于阿马里亚城堡，从我的小房间里向外看就是广场了。我还记得在那里的第一晚，我的脑海中划过阿拉丁的一句话，当他从自己壮丽的城堡中望着外面的广场，说道："我来这里时还是个穷小子。"我的心中满是感激之情。

我待在斯拉格斯的这些日子里，只写了不超过四五首诗。其中的两首是《灵魂》和《给母亲》，被收录进了我的全集里。我在赫尔辛格上学期间仅仅写了一首诗《垂死的孩子》。在我后来的所有作品中，这首诗成了最流行，也最广为传诵的一首。我曾把它念给哥本哈根的朋友听，有的人深受感动，可大多数人都只关注到我的弗能口音，每个单词中的"d"我都没有发音。我得到了很多人的称赞，不过更多的人教我要保持谦逊，说我不应该自视甚高。事实上在那时我对自己还是一点信心也没有。

在阿德米拉尔·伍尔夫家中，我见到了许多天赋极高的人，在他们中间我最最崇敬的一位——那就是诗人亚当·奥伦施拉格。周围的人都对他赞不绝口，我怀着虔诚的心仰望他。有一天晚上，在一间灯火辉煌的会客厅里，在此地我深深地感到自己是最卑微的一位，因此我自觉地躲进了长长的窗帘后面。而奥伦施拉格来到我面前，向我伸出了手，我开心极了，差点在他面前双膝跪下。我还再一次见到了维泽，听见他即兴演奏钢琴。伍尔夫本人大声朗诵他翻译的拜伦诗句，奥伦施拉格年轻的女儿夏洛特以她快乐活泼的个性让我眼前一亮。

过了一段时间，我就从这样一所房子里回到了院长身边，深切体会到了什么叫天壤之别。他也是从哥本哈根回来，在那儿他听说了我将自己写的一首诗读给众人听。他用洞穿人心的目光扫了我一眼，命令我把诗拿给他看，如果他能发现一丁点诗的味道，他就会原谅我。我颤抖着把《垂死的孩子》递给他。读罢，他宣布这是堆感情用事、毫无意义的废话，他对我大发雷霆。倘若他真心认为我写诗是在浪费时间，或是我天生需要严加管教，那么他的动机也算是好的，可他只是一味地发火。从今天起我的处境变得更加的不幸了，我饱受精神折磨，几乎就要被击垮了。那是我生命中最黑暗、痛苦的时光。

就在那时，学校里的一位主管去了哥本哈根，将我的处境一五一十地告诉了科林，他立即将我调离了学校和院长的家。当我离开时，我对院长表示了感谢，这位冲动的人斥责了我。最后他说，我永远也成不了学者，我写的那些诗会躺在书店的地板上发霉，我本人也将在疯人院度过余生。我从灵魂深处发出阵阵颤抖，离开了他。

很多年过去了，当我的作品已经拥有了读者，我的《即兴诗人》第一次出版时，我在哥本哈根遇见了他。他朝我伸出手，以示和解，他说他当初错看了我，不应该那样对待我的，可现在对我来说已经没有意义了。那些沉重、黑暗的日子其实也给我的生活带来了收获。我有了一位年轻的老师，他后来因为对北部语言学和历史学的潜心钻研而成为丹麦的名人。我租了一间小阁楼，在我的作品《不过是个提琴手》和《没有画的画册》里都提到了这个小阁楼，人们可能知道我在这里常常接待那些月亮上的来客。我能得到一些资助，可是为了支付教学费用，我还得想其他办法省钱。在工作日，有一些家庭会邀请我一起进餐。就像现在哥本哈根的很多穷学生一样，我四处搭伙。这让我长了很多见识，看到各种各样家庭的生活百态，让我受到些许熏染。我埋头苦学，在有些学科上还成为赫尔辛格的佼佼者，特别是数学。因此我现在有更多的时间可以自己安排了，我的希腊语和拉丁文学得很顺利，只有一门学科，本来并不是重点科目，而我的老师却很是重视，那就是宗教学。他为我逐字讲解圣经中语句的意思，毫不含糊。对此我原本就很熟悉，因为我刚进入这所学校就已经明确地理解了圣经中的语句和教义。我怀着感激和理解之情，愉快地倾听着教义：上帝就是爱，一切违背他的都是滚烫的地狱，那里的火焰永不熄灭——我都无法认可。从教室里那束缚人的座椅上解放出来以后，我终于可以像个自由的人一样表达自己了。而我的老师，那位最尊贵、最和蔼，却执着于书本的人，也常常对我不满意。当我们争论时，我们胸中点燃的是纯洁的火焰。毋庸置疑的是，我能结识这位知书达理、才华横溢，又和我一样有着独特个性的年轻人，是多么幸运。

然而，我思想上的一种偏差越来越明显，那就是我将理解力当成了世界上最重要的事。对于内心美好的情感，我热衷于玩文字游戏，当然并不至于嘲弄。那位院长当时完全误解了我毫不掩饰的直率与敏感，我那些激动的情感被认为荒唐无比，被生生打压了下去。而现在，当我可以自由地发表自己的想法时，我的身上显现出了这种变化。我并没有从严酷的折磨中冲向放荡不羁，而是错误地去尝试掩盖真正的自我。我无视着自己的感受，想象着这样就可以把它扔到一边。可当我期待着别人友好的表情，却偏偏碰到了一张厌恶的脸时，我会难过得一整天都无精打采。对于从前我满含热泪写下的每一首诗，我现在都作起了诙谐的仿写，或是加上滑稽的一段。其中有一首叫作《小猫的挽歌》，还有《生病的诗人》。在那段时间我写的少量诗歌全是诙谐的：我经历了一种彻底的改变，我这棵发育不良的植株被重新安置了，现在开始抽出新苗。

伍尔夫的大女儿是位非常聪明、活泼的姑娘，她理解并鼓励我那几首诗里显露的幽默感。她给了我所有的自信，像位长姐一样保护着我，这也对我产生了很大的影响，因为是她唤醒了我对喜剧的感觉。

在这时，整个丹麦文学界也产生了一股新鲜的洪流。这激发了人们的兴趣，而政治在文学中都没有容身之地。

海贝格是一位著名的优秀诗人，他的作品《普赛克》和《陶匠沃尔特》将歌舞剧介绍到了丹麦的舞台上。这是丹麦的歌舞剧，源自我们的民族血液，因此得到了满堂彩，几乎取代了其他所有的戏剧。塔利亚[1]主持着丹麦舞台上的狂欢，而海贝格就是她的使者。我和他第一次见面是在奥斯特家。他是当时的风云人物，举止优雅，能言善辩，让我十分崇敬。他对我很客气，我后来也去拜访了他。他认为我的一首幽默诗可以在他最优秀的周报《飞翔邮报》上发表。就在那之前我还费了很大的周折才在报上发表了我的诗《垂死的孩子》。那些报刊编辑们即使能接受最烂的稿子，也没有勇气去刊登一个学生写的诗。那时我最有名的诗发表还附加了一份免责说明。海贝格看到后，在他的报纸上给了我一个显要的位置。两首幽默的小诗，署名“H.”，拜他所赐，这是我真正的首次亮相。

我还记得《飞翔邮报》刊登我诗作的第一个晚上。我正在一个家庭中，这家人祝贺着我的成就，却轻视我的诗歌天赋，对我诗中的每一句都大加质疑。这家的主人进门时手中正拿着一份《飞翔邮报》。

“今天晚上，”他说，“有两首漂亮的诗，是海贝格写的，没有人能写得像这样好。”现在我的诗倒大受喜爱了。那家人中的女儿知道我的秘密，她开心地大叫起来——我就是诗的作者。他们都惊呆了，陷入了沉默，还很恼火。这件事使我非常受伤。

有一天一位作家请我吃饭，他虽名不见经传，但出身高贵，也非常好客。他告诉我，某刊物的新年特辑就要出版了，出版商邀请他贡献一份作品。我说，他们也决定将我的一首小诗发表在同一本新年特辑上。“哈，是嘛，那张三李四都可以发表他们的作品了！”他恼火地说，“那出版商应该也不会需要我做什么了，我肯定不会给他们

[1] 希腊神话中主管喜剧的女神。

写任何东西的。”

我老师的居所离我有相当一段距离。每天我会去他家两次，在路上的时候我满脑子都是要学的课程。而回来时，我便可以更加顺畅地呼吸了，欢快而诗意的思想萦绕在我的脑海里，不过它们从未被写下来。在那一年中，我只写下了五六首幽默诗，只有把它们按捺在纸上，我的大脑才能少受这些诗句的打扰。

1828年的9月，我已经是一名大学生了。当期末考试结束时，我那些在上学途中产生的无数胡思乱想，就像一大群蜜蜂一样涌入了世界，当然，也涌入了我的第一本书《阿马格岛漫游记》里。这是一本独特、诙谐的书，它完整地反映了我当时自身的个性，我那戏谑一切，对自身情感大发嘲弄的倾向——总的来说就是一部异想天开、风格欢快的作品集锦。没有出版商敢出版这本书，于是我冒险自费出版了它，书上市后不久第一版就卖完了。出版商凯策尔买下了第二版的版权，后来又出了第三版。不仅如此，这本书还在瑞典重印了。

大家都读了我写的书，我耳边回响的全都是赞扬。我成了一名“大学生”——我已经达到了自己最高的理想目标。我身处欣喜的漩涡中，在这样的状态下我写了自己的第一本戏剧作品《圣尼古拉教堂钟楼的爱情》。这本书并不成功，因为它讽刺的是中世纪的演出，而这些在现今已看不到了。而且，它还嘲弄了大众对歌舞剧的热情。简而言之，这本书的内容如下：尼古拉斯塔的看守人常常以城堡的骑士自居，他希望将自己的女儿许配给另外一座教堂塔的看守人。可是这姑娘爱上了一位年轻的裁缝，裁缝刚刚从欧伦斯皮格尔的墓地回来，正煮好了潘趣酒，准备为获得年轻姑娘的芳心而倾杯庆祝。这对爱人一起逃到了裁缝住的客栈里，那里的人们正兴高采烈地跳着舞。可是尼古拉斯塔的看守人把女儿抓了回来，姑娘失去了理智，大家发现她要是没有了裁缝，就永远无法恢复。老守塔人坚信，命运女神会来决断这件事。可谁是命运女神呢？他想到公众可以做他的皮提亚女神[1]，应该让他们决定女儿要嫁给裁缝还是守塔人。于是，他们找到了最年轻诗人中的一位，请求他把这段故事以戏剧的形式写下来，这是当时最受认可的题材了。当这出戏上演时，如果观众吹口哨或是发出嘘声，这将不被看作是对作品的差评，而是成为命运女神的声音："她应该嫁给守塔人。"抑或是相反，倘若这场戏很成功，那么就说明她应该嫁给裁缝。这位父亲还说，剧本要写成散文体，以便于观众理解。现在每个角色都站在舞台上，在戏的结尾这对爱人恳求观众们能够鼓掌，而守塔人则拜托他们快吹口哨，或者至少给点嘘声。

我的同学们对这部作品反应热烈，他们为我感到骄傲。我是今年他们中间第二位将作品带到丹麦舞台上的人，另外一人是阿尔内森，和我一样是学生，他写了一部喜剧，叫作《人民剧院里的阴谋》，非常有趣。我们俩成了十月份年终考核时的两位年轻作者，也进入了今年诞生的十六位诗人之列，人们开玩笑地将这十六人分成了四位大诗人和十二位小诗人。

现在我是个快乐的人，我拥有了诗人的灵魂和年轻的心。所有人的家都为我敞开大门，我从一个社交圈子转到另一个圈子。可是，我仍然刻苦地学习，于是在1829年9月，我通过了我的语言学和哲学考试，还出版了我的第一本诗集，得到了很高的评价。生活在我眼前铺开了一条阳光大道。

[1] 皮提亚，古希腊德尔斐城阿波罗神殿的女祭司。

第四章 旅行的第一步

直到现在我才仅仅看到过祖国大陆的很小一部分，那就是弗能岛和锡兰岛的几处地方，还有白崖，它是我们最最美丽的景点之一。那儿的山毛榉树林就像只花环围住了灰白色的悬崖，从悬崖上远眺，可以一直看到波罗的海。因此我盼望着能在1830年的夏天，用我文学创作的第一笔收入来游历我们的日德兰半岛，还有我的家乡弗能岛，我要更加深入地了解它。我完全不知道这次夏日旅行会怎样充实我的思绪，又或者会给我的内心世界带来怎样的改变。

日德兰岛横跨日耳曼海和波罗的海，一直延伸到斯卡恩的一处沙滩暗礁，这是一个独特的地方。在波罗的海那头覆盖着大面积的森林和高地；在北海附近则是山脉和流沙。这景象带着宏伟而孤寂的色彩。在两者之间，是一望无际的棕褐色荒野，流浪的吉普赛人游荡其间，还有叫声悲切的鸟儿们，以及丹麦诗人思腾·布里克尔在他的小说里描写的——一片深深地孤寂。

这是我第一次看到的异域景色，因此也给我留下了十分深刻的印象。在各个城镇，我的《阿马格岛漫游记》和幽默诗歌被人们所熟知，因而我受到了很好的款待。在我出生的奥登赛附近，我体验了弗能岛的乡村生活，在伊韦尔森先生的乡间住所度过了几个星期。这段时间我诗兴大发，可是写下来的幽默诗却越来越少。我时常嘲笑的那些多愁善感的情绪现在要反扑了。在旅程时，我到了一个小城里一户富有的人家。就在这里，我遇到了一个人，一个崭新世界的大门突然为我打开了，这是个广袤的世界，但仍可以用我当时写下的四句诗来概括：

一双深黑的美眸锁住了我的视线，
我的世界，我的家，我的欢乐全在那里，
它们投射出你的灵魂，以及孩童般的宁静，
关于它们的记忆永留我心底。

新的生活计划占据了我。我情愿放弃写诗，这最终能为我带来什么呢？我想去学神学，成为一名牧师。我心中只有一个想法，那就是她。可这仅仅是自作多情罢了：她爱着别人，并嫁给了他。直到很多年以后我才认识到，对我们两人来说，这都是最好的结果。也许她并不了解我对她的感情曾有多深，或是她给我带来了多么大的影响。她成了一位好人的好妻子，一位幸福的母亲。上帝赐予了她祝福！

在我的《阿马格岛漫游记》和大多数作品中，讽刺是个普遍的特色。很多人对此不满，认为这是在动歪脑筋，不会有什么好效果。但那是一种深切的情感让我的内心迸发出如此的表达，这种表达当时受到了批评家们尖刻的指责。在新年里我出版了一本新诗集《幻想与随笔》，在书中我如愿以偿地抒发了内心的痛苦。我将自己的心路历程写成了一部严肃的歌舞剧《离别与相逢》，唯一不同的是，剧中人的爱情是相互的——这部戏直到五年后才被搬上舞台。

在我哥本哈根的年轻朋友中间，奥尔拉·莱曼[1]后来成了更受欢迎的人物，这也归功于他的政治活跃程度在丹麦无人可比。他是那种生气勃勃，能言善辩，又无所畏惧的人，他的性格也很吸引我。德语课大都开设在他父亲的家中，在那儿大家接触到海涅的诗歌，年轻的奥尔拉被深深吸引住了。他住在乡下，邻近弗莱德里克城堡。我曾去看望他，当我提起海涅的诗句时，他便唱起来："Thalatta, Thalatta, du eviges Meer." [2]我们一起读着海涅，下午和夜晚的时光飞快地掠过，我不得不在他那里过了夜。可在这个夜晚我结识了一位诗人，在我看来，他唱出了自己的灵魂，他甚至取代了霍夫曼在我心中的位置，从我的《阿马格岛漫游记》中也许还能看到后者曾经对我深厚影响。在我的青年时代，只有三位作家的精神在某种程度上融入了我的血液——沃尔特·斯科特，霍夫曼和海涅。

我越来越反感自己在写作中矫揉造作的文字游戏。我开始有一种冲动去追寻生活中的忧伤，去贴近事物阴暗的一面。我变得多愁善感，不再沉迷于扑面而来的赞扬，而是更多地思考我所受到的批评。我被迫接受了迟到的学校教育，同时又在自己还是学生的时候一心想成为作家，这些都导致我的处女作《阿马格岛漫游记》免不了有语法错误。如果当时我能聘一个人来校对一下书稿，那也不会受到这样的指责了，可惜我并不习惯这样做。而现在，人们嘲笑这些错误，揪住它们不放，对书中的精彩部分都无心留意。我也明白有些人读我的诗仅仅是为了挑错。比如说，他们会记下我的诗中"美丽"这个词重复了多少次，或者其他类似的词语。有一位绅士就用这种有失体面的方法在我的诗中挑错，他当时是一位歌舞剧作家和评论家，现在成了一名牧师。他指出我的诗没有一处是正确的，一个六岁的小女孩听说后

[1] 奥尔拉·莱曼：Orla Lehmann（1810—1870），丹麦政治家，是丹麦议会政府发展中的一位关键人物。

[2] 德语，大意为：塔拉塔，塔拉塔，你这永恒的大海。

很是惊讶，她拿起我那本书，指着里边的连词“和”说道：“这儿还有个单词你没有批评呢！”他在孩子的话语中听出了一丝责备，于是面露愧色地亲吻了那个小家伙。这一切深深伤害了我。不过在学校的经历让我变得胆小怕事，对一切委屈也都默默承受。我极度敏感，脾气又温顺。大家都知道这点，有的人就因此近乎残忍地对待我。每个人都想教导我，几乎每个人都说我被世人的赞扬宠坏了，而他应该告诉我真相，于是我不断地听到自己的错处，真正的或者是想象中的缺陷。与此同时，我的内心又暗潮涌动，我声称要成为一名受人尊敬的诗人。人们认为这是我过分虚荣的体现，我在每一户人家都会听到同样的话。他们说，我本性不坏，但也是他们见过的最自负的一类人。在那段时间里我常常对自己感到绝望，就像在最黑暗的学校生活中一样，我感到自己所有的天分似乎都是在自欺欺人，我几乎确信了这一点。可是更让我无法忍受的，是听见别人用坚决和嘲讽的语气说起这些话。而这时一旦我吐出一个骄傲的、不服气的字眼，就会受到严厉地抨击。而当那些击垮我们的是我们所爱的人时，这些打击就会像毒蝎子一样致命。

在这样的情况下，科林认为我应该去附近做一次短途旅行，比如说，去趟德国北部，我可以借此散散心，也会有机会注入新的思想。

在1831年的春天，我第一次走出了丹麦。我看到了吕贝克与汉堡，眼前的一切都让我惊叹，占据了我的脑海。我第一次看到了山——那是哈茨山脉。我面前的世界是那样广阔，让人难以置信。我的好心情像候鸟一样回来了。伤心的往事则仿佛一群麻雀，在候鸟的巢中安了家。可我知道自己并没有完全恢复。

在德莱斯顿我认识了蒂克[1]。英格曼让我带了一封信给他。有一天

[1] 蒂克：Ludwig Tieck（1773—1853），德国诗人、翻译家、编辑、小说家、作家和评论家，是18世纪末和19世纪初的浪漫主义运动的元勋之一。

晚上我听见他大声朗读莎士比亚的剧本。当我们分别之时，他祝福我成为一名真正的诗人，拥抱并亲吻了我，这让我深受感动，我永远也忘不了他眼中的表情。我含泪告别了他，然后用最炽烈的感情向上帝祈祷，求他赐予我力量，让我追寻我全身心为之奋斗的理想——让我有能力去表达出灵魂深处的感受。然后，当我再次见到蒂克之时，我也许就能出人头地，得到他的重视。一直到很多年以后，当我后期的作品被翻译成德语，并在他的国家广受欢迎时，我们又见面了。我感受到他手心传来的力量，想起了他曾在我的第二故乡给予我那神圣的一吻。

在柏林，奥斯特的一封信介绍我认识了夏米索[1]，那位忧郁的人留着长长的卷发，眼神真挚。他亲自为我开了门，读过那封信不知为什么，我们立刻就彼此了解了。我在他的身上感受到了极大的信心，并用蹩脚的德语告诉了他。夏米索懂丹麦语，于是我把自己的诗歌交给了他，他是第一个翻译我诗歌的人，将我的作品介绍给了德国。当时他在《晨报》上这样评价我："安徒生富有智慧、想象力、幽默感和民族性的天真，他的语言有一种唤醒众生的力量。他尤其懂得如何驾轻就熟地运用轻灵而形象的描述，使得一些小小的画面与风景栩栩如生，而不熟悉诗人故乡的人时常对这样本土化的风景兴趣索然。他即将被翻译，或是已经翻译成的作品，是远远不能反映他本人的真正特色的。"夏米索成了我终生的挚友。他的作品集中有一些给我的信，从中可以看到他对我后期作品的喜爱。

就像我哥本哈根的朋友们所说的一样，这次德国之旅对我的影响很大。我很快提笔写下了旅行的感受，题为《旅行剪影》。无论我是否真的有所进益，国内还是流行着以揪我的错误为乐，以及对我没完没了的训导。对于那些好管闲事干涉我的人我只能默默忍受，我很少对

[1] 夏米索：Adelbert von Chamisso（1781—1838），德国诗人，植物学家。

此加以嘲讽，可一旦我这样做了，就被称为狂傲和虚荣的表现，他们就断言我永远不会听从理智之人的劝告。就有这样的一位批评者有次问我是不是把“Dog”中的“D”写成了小写“d”，因为他在我最新出版的书里发现了这一错误。我嘲讽地答道：“是的，因为在这里我是写一只小狗啊！”

人们会说，这仅仅是些小麻烦罢了。是的，然而滴水也可以穿石，我感到有必要在这里声明这一点。我要抗议那些对我自负虚荣的控诉，因为我的私生活里没有其他的错误可以指责了，只有这一点被抓住不放，直到现在还有人拿它像旧勋章一样砸向我。

从1828年底到1839年初，我仅仅依靠自己的写作谋生。丹麦是个小国家，那时候只有很少的书可以卖到瑞典和挪威。因此写书所得的报酬也不会太多。我的日子过得很紧巴，而我又要为社交活动置办合适的服装，这使得度日更加艰难了。我要为此不停地创作，这很伤人，而且很难做到。我为剧院翻译了一些剧本——*La Quarantaine*[1]和*La Reinede seize ans*[2]。当时我还为一位年轻的作曲家哈特曼的歌剧写脚本，他的祖父就是丹麦民歌《克里斯蒂安国王站在高高的桅杆旁》的作者。在为哈特曼写作期间，我注意到了戈齐[3]的面具喜剧：我读了*Il Corvo*[4]，发现这是个绝佳的主题，于是后来的几周内我写出了《渡鸦》的剧本。我向剧院导演们举荐了哈特曼，在给他们的信中我为他美言，赞扬他的天分，认为他会创作出好的作品。现在的读者听来一定会觉得奇怪，因为如今他已经跻身丹麦一流的作曲家之列了。

我还为另一位年轻的作曲家布列达尔[5]改写了沃尔特·斯科特的《拉马摩尔的新娘》。这两部歌剧都被搬上了舞台，可我却背负上篡

[1] 法语，隔离。
[2] 法语，十六岁的皇后。
[3] 戈齐：Carlo Gozzi（1720—1806），意大利剧作家。
[4] 意大利语，乌鸦。
[5] 布列达尔：Ivar Bredal（1800—1864），丹麦作曲家，音乐家。

改外国诗人劳动成果的罪名，成为了残酷批判的对象。人们似乎忘记了曾经对我的认可，并且否认了我的一切天分。然而，我早期的赞助人，也是我之前提到的作曲家维泽，对我的改编创作大加赞同。他告诉我他长久以来都有个愿望，那就是将沃尔特·斯科特的《凯尼尔沃斯》改编成一部歌剧。他邀请我与他合作，撰写歌剧的脚本。我对即将面临的评判一无所知，我需要钱来生活，更让我下定决心做这件事的，是我十分荣幸能与我们最著名的作曲家维泽合作。他是当年在西伯尼家中第一个为我说话的人，现在，这位艺术家又要在一件高尚的事情上与我合作，这真让我欣慰。当我几乎完成了一半文稿的时候，外界就已经在指责我利用一部名著来创作了。我很想就此放弃，可是维泽安慰了我，鼓励我继续下去。后来，当他的谱曲还未完成，而我准备出国旅行之际，我已经把自己的命运，连同我的脚本，一起托付给了他。他为全文谱了曲，但歌剧的结尾则完全出自他手。这位杰出艺术家的特殊癖好是，他不喜欢任何故事有悲伤的结尾。为此，艾米必须嫁给莱斯特，伊丽莎白要说："骄傲的英格兰，我是属于你的。"我一开始持反对意见，可后来我妥协了，这一段事实上一半都是维泽创作的。歌剧上演了，不过除了其中的歌曲，其他内容都没有出版。随之而来的是些匿名的攻击：我接到邮局送来的很多信件，信中那些没有署名的作家们对我横加讥讽。就在那一年我出版了一本新诗集《一年中的十二个月》，尽管后来世人宣布这本书收录了我一大部分最优秀的抒情诗，但当时它收到的还是差评。

那时候《每月文学评论》正处于全盛时期，当然如今它已寿终正寝了。当这部刊物刚刚出现时，一些最杰出的名字都出现在它的版面上。而它所需要的是有资格对美学作品发表专业意见的人士。不幸的是，每个人都幻想自己有能力去发表评论。也许有的人可以就外科手术或是教学理论写出优秀的文章，并有所成就，但在诗歌方面却是傻瓜，很多证据都证明了这一点。评论刊物越来越不容易找到专业的评论家。不过就有这样的一位热门人选——历史学家和国会议员莫贝克，他对写作和演讲有着超乎寻常的热情，他在当时的丹麦批评界扮演着至关重要的角色，因此我不得不详细介绍下这位人物。他是位勤奋的收藏家，写得一手极其规范的丹麦语，他的那本丹麦语辞典是他施展批判时最有用的武器。然而，作为美学作品的评审，他是偏激甚至盲目地顺从政党的意识。很不幸，他属于那种科学型的人，只能算六十四分之一的诗人，对美学的品位实在差劲。例如他对英格曼的爱情小说的批评，显示了他的水准远远低于他所评论的诗歌水平。他自己也出版了一册反响平平的诗集，名叫《漫步丹麦》，文风一如当时流行的苍白与华丽。还有《德、法、意之旅》，内容看起来不是来自生活，而是出自书本。他对自己的学识心满意足，他在皇家图书馆有一席之地，并且一度成为了剧院的导演，负责审查送来的文稿。他病态、偏激，而且脾气暴躁，大家可以想象到结果了。他曾经很赞赏我的第一批诗歌，可是很快我就被淹没在另一位新星的光芒下，那是位年轻的抒情诗人——帕卢丹·穆勒[1]，而当他不再青睐我时，他便厌恶起我来。这事长话短说，事实上，就在这份同样的评论月刊上，曾经被表扬的诗歌在重新发表时竟然受到同一位评审的抨击。有句丹麦谚语这样说：“当马车停滞不前时，众人都会拖它的后腿。”我的情况就证明了这句真理。

在这时丹麦文学界又出现了一颗冉冉升起的新星。海因里希·赫尔兹匿名出版了他的《逝者的来信》，它的主旨是清除神殿中一切不洁之物。已故的巴格森从天堂递来了富有争论性的来信，信的内容高度体现了作者本人的风格。海贝格被封为典范，而奥伦施拉格和豪克[2]受到了抨击。我在拼写上犯下的错误又被拿来老生常谈了，人们将我

[1] 帕卢丹·穆勒：Frederik Paludan-Müller（1809—1876），丹麦诗人。
[2] 豪克：Carsten Hauch（1790—1872），丹麦诗人。

的名字以及我在斯拉格斯的学校生活与圣·安德斯联系在一起。

我饱受着人们的嘲弄和责骂。赫尔兹的书在全丹麦传播着，他本人也成为舆论的唯一焦点。作者的匿名让这件事更加吊人胃口。人们欣喜若狂，这也是自然的。海贝格在他的《飞翔邮报》上为几个无关紧要的创作者作了辩护，可是没有我，我觉得心如刀割。我的敌人们现在认为我已经完全被关在文艺界的门外了。不过我很快又出了一本书《致丹麦诗人》，书中我为每位已故的和在世的作家都写了数句的介绍，但只着重描写了那些优秀的人物。这本书引起了关注，它被认为是我最好的作品之一。很快就有模仿这本书的作品出现了，可是评论家们并未干预。很明显在这种情况下，评论家们也一如往常，从来不涉足我最成功的作品。

现在我的处境到了最糟糕的地步。就在那一年，赫尔兹获得了出国旅游的奖学金，而我也申请了同样的项目。当时大家普遍认为我的发展已经到了顶峰，如果我想要获得资助游学，过了这个时候就没希望了。当时人们公认外出旅游是最好的学习机会，我也认为如此。同时我得知要获得候选机会，我必须努力拿到最著名诗人和科学家们的推荐信。因为这年头有太多优秀的年轻人希望得到资助，而要在他们中间脱颖而出得到认可并不是件容易的事。于是我为自己求得了这些推荐信。据我所知，我是到目前为止唯一一个必须得出示推荐信来证明自己是位诗人的丹麦诗人。

在这儿值得一提的是，那些为我写推荐信的人对我资质的描述是很不一致的。比如说，奥伦施拉格指出了我的抒情能力，以及内心的真诚；英格曼强调的是我描绘日常生活的技巧；海贝格声称，自从韦赛尔[1]的时代以来，还没有一个丹麦诗人像我这样如此有幽默感；奥斯特评价道，每个人，包括所有反对我和支持我的人，都在这一点上没

[1] 韦赛尔：Johan Herman Wessel（1742—1785），挪威—丹麦诗人。

有分歧，那就是，我是位真正的诗人；蒂勒热心而兴奋地表达了他在我身上看到的力量，看到我面对生活中的压力与不幸而奋起抗争。我得到了旅行的资助，我的资助数额比赫尔茨的要少，那也是按照先后顺序分配的。

“现在开心起来吧，”我的朋友们说，“睁开眼看看你无尽的好运吧！享受当前的时刻，因为也许这会是你唯一的一次出国机会。你能在旅途中听到人们对你的评价，还有我们对你的维护。然而，我们却无法做到这一点。”

听到这些话我感到很心痛，我感觉自己的灵魂迫使我离开这里，以让我有可能自由地呼吸，可是悲伤也伴随着旅人跃上马背。我的心上压着不止一种悲伤，尽管我对这世界打开了心房，可总有那么一两扇门是紧锁的。在启程之时，我向上帝祈祷着，或许我会客死异乡，或是充满活力地回来，写出更多的作品，为我和我挚爱的人们带来欢乐和荣誉。

就在我旅程开始的那一刹那，我挚爱的人们的形象在我心中一一浮现。他们中的几位我已经提到过，但还有两个对我的生活和诗歌产生巨大影响的人，我必须特别提一下他们。一位慈祥的母亲，思想开明并接受过良好教育的莱索伊夫人，将我介绍给了她圈中和蔼的朋友们，她对我遭遇的麻烦总是深表同情。她常常让我将注意力转移到美丽的大自然和生活细节的诗意中，而几乎每一个人都将我当成一个诗人时，她又提升了我的思想境界。是的，如果说我的一些作品中有着温柔与纯洁的影子，那么我要为此对她表示特别的感谢。另一位对我十分重要的人是科林的儿子爱德华。他在优越的环境里长大，拥有我所渴望的勇气和决断。我觉得他真诚地爱着我，而满怀爱意的我也将整个灵魂都交付给了他。他冷静而现实地处理了生活中的各项事务。每当他出于最深厚的友情，试图将他性格中的一部分融入我的血液时，我也常常误解他。在坚强的他面前我就像一棵在风中飘摇的芦苇。在现实生活中，比我年轻的他总是积极地站在我身旁，从帮助我的拉丁文学习到安排出版我的那些作品，他从未改变过。如果要我一一列举我的朋友们，我会把他排在这份名单的第一位。当旅人穿越过群山走到远处时，他才会第一次看清它们的真实样貌，对于朋友们也是如此。

我一路经过卡塞尔[1]和莱茵河来到了巴黎。眼前的一切给我留下了生动的记忆。写一首诗的念头在我脑海里扎了根，当这首诗越来越清晰地浮现时，我便希望能靠它来与我的敌人们达成和解。在丹麦，有一首古老的民歌《阿格妮特和人鱼》和我的思想状态很相近，也很契合我内心的冲动与计划。这首歌讲述了阿格妮特独自一人在岸边散步，这时候一个人鱼从海浪里升起，用甜言蜜语俘获了她。她跟着人鱼去了海底，在那儿她一待就是七年，并为人鱼生了七个孩子。有一天，她坐在最小孩子的摇篮边，忽然听到了教堂的钟声透过深深的海水传到她的耳边，一股强烈的渴望将她的心带去了教堂。她不住地祈求和哭泣，终于说服了人鱼让她回一次海上的世界，并保证很快就回来。他请求她不要忘记了他们的孩子，特别是那个还在摇篮里的婴儿。他堵住她的耳朵和嘴，引着她上到海岸边。然而，当她走进教堂时，所有的神像一看到这位来自海底深处的罪过之女时，都背过身去面向了墙壁。她被吓坏了，不愿再回去，尽管在海底的家中，最小的孩子还在摇篮里哭泣。我用抒情和戏剧化的手法在这个主题的基础上尽情发挥。我可以冒昧地说整个作品都是从我的心中生长出来的，糅合了关于我家乡的山毛榉树林以及大海的所有记忆。

在巴黎——精彩世界的中心，我满心想着的是一些丹麦民歌。我的心中充满了对上帝最真诚的感激，因为我感到我所拥有的一切都是他慈悲的赐予，而同时我也对周围的一切兴趣盎然。我到来之时，人

[1] 卡塞尔：Cassel，法国北部—加来海峡大区诺尔省的一个市镇。

们刚好开始举办七月的一场欢庆节日，那是1833年。我看到了拿破仑柱的揭幕式；我看到了闻名世界的路易·菲利普国王，现在的他还明显享受着上帝的庇护；我见到健康而快乐的奥尔良公爵在当地的舞会上兴高采烈地起舞；在巴黎我偶遇了诗人海涅，第一次看见了我心中的诗歌之王。当我告诉他这次会面与他亲切的话语让我多么开心时，他说除非我是刻意地寻找他，否则这样的偶遇通常是不会发生的。我回答道我并没有特意找他，因为我对他太崇敬了。我害怕如果我这个不知名的丹麦诗人鲁莽地去寻找他，会让他觉得这是荒唐的行为。“而且，”我又说道，“你讽刺的微笑定会深深刺伤我的。”他以友好的话语回应了我。许多年之后，我们再次在巴黎见面，他诚恳地接待了我，我也得以窥见他灵魂中闪耀的诗情。保尔·杜波特[1]以同样的友善和我见了面。我还拜访了维克多·雨果。

在我去往巴黎的旅途中，以及我在这里度过的一整个月里，我的家乡没有一个字的音讯传来。难道我的朋友们就没有什么可喜的事情告诉我吗？最后终于收到了一封信，那是个很大的信封，花了一大笔邮费！欣喜和急躁的渴望让我心跳得厉害，毕竟这是我收到的第一封信呀！我打开了它，可里面没有一个手写的字，而只是一份哥本哈根的报纸，刊登了一篇讽刺我的文章。这封大老远寄来的信还是到付邮资的，可能就是写讽刺文章的匿名作家寄来的。这样恶意的捉弄让我十分受伤。我永远也没能找出这文章的作者是谁，也许他还是将我称作朋友，与我握手的人呢。有的人有着卑劣的想法，我也有我的。

我们国家的人有个普遍的弱点，那就是当他们来到异国，住在大城市里时，他们总是集体行动。他们一定要一起吃饭，一起去剧院，并结伴参观当地的所有名胜。大家传看着来信，并公开讨论来自家乡的消息，到最后他们几乎不知道自己是身处国外还是国内。在巴黎时

[1] 保尔·杜波特：Paul Duport（1789—1866），法国剧作家。

我也屈服于同样的弱点。于是离开巴黎后，我下决心在瑞士找个安静的地方，独自待上一个月，并且只和说法语的人住在一起，以强迫自己说他们的语言，这对我来说实在太有必要了。

小城洛迪坐落在侏罗山[1]的山谷里，那里八月便开始飘雪，云朵就在人们脚下飘动。就在那儿一位富有的钟表匠人一家亲切地接待了我。我说要交房租时他们一个字也听不进去。我像一位远亲一样生活在他们和他们的朋友中，当我们分别时孩子们都哭了。我们成了朋友，尽管我都听不懂他们的方言。当我听不懂他们的话时，他们就在我耳边大声叫喊，因为他们想当然地认为我耳聋了。在那片高耸的地域，每到夜晚，天地就如同入眠了一般宁静，从法国边境上飘来晚钟的声响。在小城之外，有一处孤寂的房屋，刷成了干净的白色。往下走过两个地窖，可以听见磨坊水轮转动的声音，以及湍急的流水声——那是来自地上的一条隐秘的河流。我常常独自漫步到这个地方，就在这里我完成了《阿格妮特和人鱼》，当我在巴黎时就开始构思这首诗了。

我从洛迪把这首诗寄回了家乡，对这个作品我寄托了最高的期望。然而它所得到的回应却是冷漠的。人们说我是在模仿曾经将经典之作寄回家乡的奥伦施拉格。在最近的几年，我还幻想着更多的人能够读一读这首诗，并给予它认可。不管怎样，对我来说它是一个进步，开启了我纯粹的抒情诗的时代。也是在最近的丹麦评论界，它得到了如下的评价，那就是尽管这部作品刚出现时所引起的关注远远小于我一些早期的和逊色于它的其他作品，但是这首诗体现出来的品质比我至今写下的任何作品都要更加深刻、更加丰满、更加有力。

这首诗给我生命的一个阶段画上了句点。

[1] 侏罗山：Jura mountains，位于欧洲中西部的山脉。

第五章 更广阔的世界

1833年9月5日，我穿越了辛普朗山，前往意大利。就在十四年前的这一天，穷困潦倒的我来到了哥本哈根，踏上了这片承载我的梦想和诗意生活的土地。这真是个偶然的巧合，我自己并没有准备，而我一年中的幸运日仿佛是提前预订了一样，这种巧合还常常发生。不过也有可能是因为好运太频繁地光顾我，而我只有在自己选定的日子里才会想起来。

这儿全是阳光，全是春天！长长的藤蔓从每一棵树上垂落下来，我之后再也没见过如此美丽的意大利。我在马焦雷湖上荡舟，登上米兰的大教堂，在热那亚度过了几天，然后从那儿沿着海岸向卡拉拉[1]前进，开始了一段美妙的自然之旅。我看过巴黎的雕塑，可那时我的双眼还一片蒙昧。在佛罗伦萨，当我站在美第奇的维纳斯像前，第一

[1] 卡拉拉，是意大利中北部托斯卡纳大区马萨—卡拉拉省城市，以出产白色或蓝灰色大理石著称。

次感到眼前的迷雾落下了，一个崭新的艺术世界出现在我面前。这是我旅程的第一个收获，就在这里我第一次学会了理解形体的美，从形体上折射出来的精神之美。人们的生活、自然一切都是崭新的。我还有种奇怪的熟悉感，仿佛回到了儿时的故乡。我怀着一种罕见的急切心情消化着我面前的每一件事物，并钻进它的生命里，同时我的胸中又积聚了一股深深的来自北方的忧愁——这不是乡愁，而是一种沉重的、忧郁的感情。在罗马我得到消息，我寄回家的阿格妮特那首诗并不被看好，第二封寄到罗马的信中带来了我母亲去世的消息。如今我在这世上真是孑然一身了。

我与赫尔兹的第一次见面就是在这时候，地点是罗马。那时我接到科林的一封信，信中说他将很高兴听到我和赫尔兹成为朋友的消息。不过即使没有科林的愿望，我们还是会走近的，因为赫兹主动向我伸出了友好之手，并且对我的悲痛深表同情。在所有我那时认识的人当中，他拥有最多样化的思维。我们在一起时也有过争论，包括我在家乡作为诗人受到抨击的话题。他本人也曾中伤过我，他的一席话在我记忆里刻下了深深的烙印："你的不幸就在于，你不得不出版自己所有的作品，公众能够看到你每一步的痕迹。我相信，即使是歌德本人，在你这种情况下也会遭受同样的命运。"他还赞扬了我善于抓住自然的特质，能够凭着一些直观的白描，展现出日常生活的图景。与他的交往对我来说很有帮助，同时我也感到又多了一个人给予我宽容的评判。我们结伴同行去了那不勒斯，在那里我们同住一所房子。

在罗马我还首次结识了多瓦尔生[1]。很多年前，我还是个在哥本哈根人生地不熟的穷小子，有次当我走在街上时，多瓦尔生正好在他第一次回家乡的路上，我们在大街上相遇了。我知道他是位著名的艺术家，我看着他，鞠了一躬。他继续走着，可突然转过头，回到我身

[1] 多瓦尔生：Bertel Thorvaldsen（1770—1844），丹麦雕塑家。

边，问道：“我在哪里见过你吗？我想我们俩认识吧。”我回答：“不，我们根本不认识的。”现在我在罗马跟他讲了这段故事，他笑了，握住我的手说：“可在那时候我就有预感，我们会成为很好的朋友。”我将阿格妮特读给他听，他对我这首诗的评价让我很开心。“听了这首诗，”他说，“我就好像在家乡的树林中漫步，耳边是丹麦湖水的声音。”然后他亲吻了我。

有一天他看到我万分沮丧的样子，于是我和他说了我在巴黎收到的那篇家乡报纸的讽刺文章，他气得咬牙切齿，在一时的怒气下脱口而出：“是的，是的，我知道那些人！我要是还待在那里也不会好过多少的，或许到时候我连做一个模型的资格都没有呢！感谢上帝让我不再需要他们，否则他们可是精通如何折磨和骚扰人的。”他希望我能保持良好的心态，这样事情都能往好的方向发展。他也对我讲述了他自己生活中一些黑暗的日子，那时候他也和我一样遭到羞辱和不公正的指责。

狂欢节之后，我离开罗马去了那不勒斯。在卡普里岛见到了刚刚被发现的蓝洞，游览了佩斯敦的神庙，然后在复活节那周回到了罗马。从罗马再次出发，我一路经过佛罗伦萨、威尼斯，到维也纳、慕尼黑。不过那个时候我对德国既没有想法也没有感情。一想到丹麦，以及那里的人们对我的不认可，我便感到恐惧与悲伤。意大利的风土人情占据了我的心灵，让我对这片土地分外向往。我早期的生活以及我在这里的所见所闻，交织成了一种新的意象——诗歌。我不能不写下这些诗句，尽管我明白，出于生活所迫我可能会在家乡出版这部作品，而它将给我带来更多的麻烦而不是欢喜。我已经在罗马完成了第一章，这就是我的小说《即兴诗人》。

当我还是个小男孩，第一次走进奥登赛的剧院时，我曾提到那里的表演都是用德语的，我看过《多瑙河姑娘》，人们为剧中的女主角鼓掌。她收获了观众的致敬和荣誉，我还清楚地记得自己记忆中的她该有多么快乐。

很多年以后，我作为学生访问奥登赛，在医院的一个病房里，我看到穷苦的寡妇们住在那儿，她们的床一张张紧挨着，其中一张床的床头挂了一幅镀金的女性肖像画。画中人是德国诗人莱辛笔下的爱米丽雅·迦洛蒂，画中的她正将玫瑰花撕成碎片，可这是一幅肖像画啊！这幅画与周围的穷困环境形成了鲜明的对比。

“画里的人是谁？”我问道。

“哦！”有一位老妇人答话了，“这是位德国夫人的肖像，那位可怜的夫人曾经是位女演员呢！”随后我看见了一个瘦小孱弱的女人，满脸皱纹，她身披着一件褪色的旧丝绸长袍，那长袍曾经漆黑光亮。她是曾风靡一时的歌手，在《多瑙河姑娘》中得到所有人掌声的那一位。这情景让我难以忘怀，并常常浮现在我脑海里。

在那不勒斯我第一次听到玛丽布朗[1]的名字。她的唱功和演技是我迄今为止见过的最好的，同时她也让我想起住在奥登赛医院里的那位悲惨而穷苦的老歌手：这两个人的形象交织在一起，成为我的小说《安农恰塔》的素材，意大利成为了这一切体验与想象力的背景。我于1834年8月回到了丹麦。这本书的第一部分是在英格曼家中完成的，那时我住在他们顶楼的小房间内，四周是柠檬树的芳香。我在哥本哈根写完了这本书。

在这个时期，即使是我最好的朋友们，也几乎对我的诗歌放弃了希望。他们声称错看了我的天赋，我花了很大的力气才找到愿意出版这本书的出版社。我得到了一笔微薄的稿酬，而同时我的《即兴诗人》也出版了并销售一空再次出版。批评界一片安静；报纸上也对此保持沉默；可我能听到周围的人们对这部作品的兴趣，以及它所激发的兴奋之情。最后终于有位诗人卡尔·巴格尔为这本书写了第一篇评

[1] 玛丽布朗：Maria Malibran（1808—1836），19世纪最著名的歌剧演员之一。

论文章，他是当时一份报纸的主编。这篇文章以对我一贯的讥讽和抨击开头“本来没这位作家什么事儿了，他早已过了自己的鼎盛时期。”总之，他铺垫了一堆长篇大论的批判，只是为了突然迸发出他对我以及对这本书的莫大惊喜。现在人们对我绽开了笑容，可我却哭了。这就是我那时的心情，我无拘无束地哭着，对上帝和人类心怀感激。

“献给国会议员科林以及他尊贵的妻子，他们二人给了我父母般的温暖，他们的孩子与我亲如兄弟姐妹，他们的房子让我有家的感觉，在这里我献出自己所拥有的最好的东西。”这是我为这本书写的献词。有一些曾经与我敌对的人，现在改变了观点。其中有一位成了我的朋友，我希望我们的友谊能够维持一生。他就是诗人豪克，我所结识的最高尚的人之一。他在国外生活多年后从意大利回国，那正是海贝格的歌舞剧风靡哥本哈根的时期，也是我因为发表《阿马格岛漫游记》而小有名气的时候。他与海贝格起了一场纷争，对我也报以过嘲弄。没有人对他提起过我写得更好的抒情作品。他只从众人的描述中得知我是个被宠坏的任性孩子，一心谋求名利。现在他读了我的《即兴诗人》，觉得我还是有优点的，他高贵的品格促使他给我写了一封诚恳的信。信中他说道，他之前对我的看法是不公正的，现在他主动提出与我和解。从那时起我们便成了朋友。他利用自己的影响来热心帮助我，并怀着真诚的友情注视着我事业的进展。可许多人对他的优秀品质以及我们俩的良好关系了解太少，有次他写了一部小说，小说中有位诗人因为虚荣而导致疯癫，于是丹麦的人们认为他在小说里描写的正是我的弱点，而这是对我的极大不公。其实人们不应该认为这是哪一个人的缩影，或是对我的误读，不是这样的。而豪克自己迫于压力不得不写了一篇评论我诗歌的文章，文中指出了他对我截然不同的看法。

不过话说回来，《即兴诗人》这本书挽救了我即将沉没的命运，挽回了我周围的朋友们，甚至为我得到了新的朋友。我第一次觉得自己得到了应有的承认。克鲁泽将它译成了德文，加上了一个长长的书名

Jugendleben und Träume eines Italienischen Dichters[1]，我并不赞同这个名字。可他宣称这样的书名是有必要的，是为了让这本书能吸引大家的注意。

就像我之前提到的，巴格尔是第一位撰写文章评价我新作的人。过了一段时间又出现了第二篇评论，文笔更为礼貌，以至于我都不适应了，不过他仍然对书中的闪光点一带而过，并纠结于它的不足之处，以及我写错的那些意大利单词。这时尼古拉那本著名的书《真正的意大利》恰好也出版了，于是人人都说："现在我们可以看一下安徒生写的是些什么了，因为或许尼古拉是第一个告诉我们意大利真实面貌的人。"

我的作品所得到的第一次肯定的赞扬来自德国，或许他们也高估了我。我满心感激和欢喜，像一个虚弱的人面朝着阳光，深深鞠躬。在丹麦《每月文学评论》里的一篇《即兴诗人》书评里，我被描述成一个忘恩负义的人，竟敢在作品中要求自己资助人的感激，可我并不是这样的人。我就是那个背负着重压，深深叹气的安东尼奥——我，是个依靠慈善接济的穷小子。随后，瑞典文学界也传来良好的反响，瑞典报纸上刊登了对我作品的好评。两年后，我收到了来自英格兰的同样肯定，女诗人玛丽·豪威特[2]将我的作品译成了英文。在荷兰，在俄罗斯，这本书也伴随着一样的好运。各个国家都传来了对这部优秀作品的极大赞扬。

公众的力量比所有的文学评论和帮派都要强大。我感觉脚下的土地更加坚实，我的灵魂也再次有机会展开双翅飞向高空。在这种快乐与怒气交织的心境下，我完成了下一部小说《奥·特》，丹麦的很多人认为这是我最好的一部作品，这样的过奖我自己是无法接受的。小

[1] 德语，意为：一个意大利诗人的青春和梦想。
[2] 玛丽·豪威特：Mary Howitt（1799—1888），英国诗人。

说描写了小镇生活的特色。在《奥·特》之前我就写了第一批童话故事，不过现在还没到提起它们的时候。在这时候我只感到一股强烈的冲动促使着我下笔书写，并且我坚信自己在小说写作中找到了属于自己的风格。在后面的一年——1837年，我出版了《不过是个提琴手》，这本书是我经过深思熟虑写就的，有很多新鲜的细节跃然纸上。我的初衷是想表达才华并不是天生的，如果说好运的阳光没有降临，那么它就要接着地气，同时还得保留它更高尚、更好的本质。这本书同样有它的支持者，可是评论家们不愿屈尊给我任何的鼓励。他们忘记了那个男孩已经长大成人，而一个人是可以从不同的渠道来获取知识的。他们无法摆脱对我已有的成见。当《奥·特》准备出版时，是一页一页审校过的，有位大学教授主动担任了这项工作，还有另外两名专家。尽管如此，《评论》上仍这样写道："我们一如往常地发现了语法上的疏漏之处，这也是安徒生本人，以及他在作品中的常见错误。"致使这本书被忽视的因素还有一点，那就是当时海贝格出版了他的《每日故事集》，这套书文法精准，也有着很好的品相。作品本身的优秀，加上海贝格这位知名作者的光环，让它们登上了最高的位置。

到目前为止，我的事业还是有所进展的，不再有人怀疑我作为诗人的能力，而在我的意大利之行以前我还没有就这点得到认可。不过仍然没有一位丹麦的批评家为我独具特色的小说写几句公道话。直到我的作品在瑞典出现，才有了一些评论，随后好几家瑞典的刊物都围绕这个主题深度分析了我的作品，带着善意和尊敬。在德国也是这样，这个国家也给我的内心带来了前进的力量。一直到去年，丹麦一位重要的人物——诗人豪克，在他的论文集里提到了我的小说，用几句轻描淡写带出了它们的显著特色。

"在安徒生最优秀的那些作品里，"他说，"那些因为丰富的想象力，深厚的情感和生气勃勃的诗性而脱颖而出的作品里，最重要的元素是他的才华，或者是一种高贵的天性，从狭隘和压抑的环境中挣脱出来。在他的这三部小说里，显然可以看到他所描绘的这种重要的生存方式——一个内在的世界，没有人比他更了解这个世界了，他亲自啜饮着生活的苦酒，其中被折磨与抛弃，痛苦而深沉的感觉与他自身的经历紧密相连。古语说，记忆是灵感的母亲，而他的灵感正是这样一次次地袭来。他在这些作品中所表达的东西，确确实实是值得我们去倾听的。从表面上看，它们也许只是一个人最隐秘的生活核心，但更是无数怀才不遇之人的写照，至少我们现在可以看到当他们需要帮助时，是怎样的处境。到目前为止，在他的《即兴诗人》《奥·特》和《不过是个提琴手》中，他不仅仅展现了他自己这一个独立的个体，而同时描述了太多人都要经历的一场斗争。对此他感触良多，因为他的人生就在这斗争中成长起来。所以说，他为读者所描绘的完全不是一个虚构的世界，而是真切的现实，并且这样的现实经过了考验，具有普遍而久远的价值。”

“不仅如此，安徒生还是才华与天分的守护者，而同时他更守护着每一颗受到不公平待遇的心灵。他本人经历了如此痛苦的挣扎，就像拉奥孔被毒蛇死死缠住而扭曲的手臂。他本人被迫啜饮了苦艾酒，那是冷血和自负的世界向被压迫者不停倾倒的苦酒。他以实事求是和真诚坚定的精神描绘着这些苦难，甚至是极易获取人们同情的悲伤。在他的《不过是个提琴手》中有这样一幕场景，‘那具有高贵血统的猎犬，’诗人是这样表述的，‘在打碎的食物面前厌弃地扭过头去，而穷苦的少年却视之为珍贵的施舍。’看到这里时，谁能不认识到，这不仅仅是在鞭笞虚荣之心，而表达了更多的感慨——人性所受到的深深伤害。”这就是在经过了九到十年之后，丹麦人民对我作品的评价。一位尊贵而可敬的人为我发声。我和评论界的关系就像酒一样，年代越久远，味道才越醇香。

就在《不过是个提琴手》刚刚出版的那一年，我第一次造访了我们的邻国瑞典。我沿着约塔运河来到斯德哥尔摩。那时候还没人理解我们今天所说的斯堪的纳维亚情结。两国之间因为曾经的战火，还遗留了一丝戒备之心。我们对瑞典文学的了解少得可怜，也没几个丹麦人能轻松读懂和理解瑞典语。人们几乎不知道泰格纳[1]的《弗里希尔福》（弗里希尔福萨迦，一部来自冰岛的传奇故事）和《阿克塞尔》，除了从零星的翻译里看到。不过我有幸读过一些瑞典作家的作品，那位不幸的已故诗人斯达格尼琉斯[2]比泰格纳更得我心，而后者是瑞典诗歌的代表人物。由于我到目前为止只去过德国和南边的一些国家，离开哥本哈根也就意味着离开我的母语，在这一点上，我就觉得瑞典让我有回到家乡的感觉了：瑞典语和丹麦语非常相近，以至于当两个人用各自国家的语言交流时，都能互相理解。在我的眼里，这是丹麦文化的延伸。这种密切的联系在人们生活的很多方面都越来越多地体现出来，让我感到，瑞典人、丹麦人和挪威人的生活状态是多么的接近。

我遇到了一些热情友好的人，很容易和他们就熟悉了。我承认这次旅行是我最快乐的一次经历。我原本对瑞典的风景一无所知，因此当我看到特罗尔海特以及斯德哥尔摩如画一般的景象时，惊叹到了极点。对不了解的人来说，这儿听起来几乎像是个童话之境：蒸汽船在湖泊中向上行驶，越过山脉，隐约可见下面的松树和山毛榉林。小船驶过一个个巨大的水闸，船体随波起伏，游客们便穿越在一片片丛林里。瑞典、意大利的任何瀑布，甚至是特尔尼的瀑布都比不上特罗尔海特能让人如此难忘。这就是这儿的一切留给我的印象。

在这次旅行中，在我提到的这最后一个地方，还发生了一件特别有趣的巧遇，那就是我和瑞典女作家弗雷德丽卡·布雷默尔[3]的相见，这次见面对我的影响一直持续到现在。那时我正在船上和船长以及其他乘客聊天，谈论着住在斯德哥尔摩的瑞典作家们，我说自己很希望

[1] 泰格纳：Esaias Tegnér（1782—1846），瑞典作家，在19世纪他被称为瑞典现代诗歌之父。
[2] 斯达格尼琉斯：Erik Johan Stagnelius（1793—1823），瑞典的浪漫主义诗人、剧作家。
[3] 弗雷德丽卡·布雷默尔：Fredrika Bremer（1801—1865），瑞典作家，女权主义活动家。

能有机会和布雷默尔小姐见面交流。“你是见不到她的，”船长说，“这会儿她正在去挪威的旅途中呢。”“那么她回来的时候正好我在这里呀，”我开玩笑地说，“我在旅行期间总是有好运的，我的最大的心愿总能实现。”“不过，这次估计没有希望了。”船长说。

过了几个小时，船长笑着找到我，手中拿了一份刚抵达的乘客名单。“幸运的家伙，”他大声喊道，“你可要抓住自己的好运啊！布雷默尔小姐在这里，她会和我们一起航行到斯德哥尔摩。”

我把这话当作是玩笑，他给我看了乘客名单，不过我还是不确定。在新到的乘客中，我看不出有哪位像一个女作家。夜幕降临了，午夜时分我们便航行在美丽的维纳恩湖[1]中。第二天一早我就走出了船舱，想看太阳在这广袤无垠的湖面上升起。就在那时，另一位乘客和我做了同样的事情，她是位中等年纪的女士，裹着一件披肩和斗篷。我心想，如果布雷默尔小姐在船上，那么必定是她了，于是我上前搭话。她礼貌地回应了我，但态度矜持，也没有直接回答我她本人是否是那些著名小说的作者。她问到我的名字，表示听过，但坦诚地说她从没读过我写的东西。随后她问我有没有带一些作品来，我于是拿给她一本《即兴诗人》，这原本是要带去给瑞典作家贝斯克的书。她很快拿着书消失了，整个早上我都没再看到她。

当我们再次见面时，她便笑意盎然，对我十分亲切了。她握住我的手说，她读了小说第一章里很棒的一部分，现在她认识我了。

我们乘船穿越一座座山峰，经过安静的内湖和森林，直到抵达波罗的海，群岛在海面上星罗棋布，在这里裸露的悬崖渐渐过渡为青草覆盖的岛屿，岛上绿树成荫，房屋林立。这里多漩涡和急流，因此必需一位娴熟的舵手来引航。确实有一些地方，每一位乘客都必须静静地坐在座位上，而舵手的眼睛紧盯着前方的某一点。在甲板上，人们

[1] 瑞典最大的湖泊。

能感觉到大自然的强大力量，它可以将船牢牢擒住，也可以在下一刻松手，让我们继续前行。

布雷默尔小姐讲述了许多传奇故事和历史事件，都是与路上的这些小岛有关的，或是关于大陆上高耸的农场房屋。

到了斯德哥尔摩，我们对彼此更加了解，后来年复一年的通信又加深了我们的友谊。她是位高贵的女士，宗教中的箴言警句，宁静生活中的诗情，已经浸透了她的人生。

直到我来到斯德哥尔摩后，我的小说才被她翻译成瑞典语出版。在这之前，只有一部分作家知道我的抒情诗以及《阿马格岛漫游记》。我的新作品得到了最热切的欢迎，最近刚刚去世的幽默诗人达尔格兰还为我写过一首诗歌。总之，我受到了友好的款待，整日容光焕发。我喜爱瑞典和它的人民。这个城市的风土人情和如画的美景，让我仿佛又置身那不勒斯。当然，那不勒斯的优势是南方的宜人气候和充足阳光，但斯德哥尔摩的风景同样迷人，它还有点像君士坦丁堡的佩拉区，只不过少了清真寺的尖塔。瑞典的首都是色彩斑斓的，白色的建筑，结构统一的房屋上红色的木框，兵营坐落在鲜花盛开的草地上，冷杉和桦树错落在房屋中间，教堂的圆顶和尖塔依稀可见。沿着梅拉湖边的木制台阶拾级而上，可以通往索德马尔姆（斯德哥尔摩的一个中心区）的街道。湖面上徘徊着冒着烟的蒸汽游艇，还有服饰鲜艳的女人们划动着小船。

我随身带了一封奥斯特的介绍信，拜访著名的伯齐利厄斯[1]，他在老城乌普萨拉热情地接待了我。我从那里又回到斯德哥尔摩。城市，乡村，人民，都对我如此友好。在我看来，就像之前所说的一样，我的祖国将怀抱延伸到了这里，使我第一次感受到这三国人民之间的亲密关系，怀着这样的情感我写下了一首《斯堪的纳维亚之歌》，一首

[1] 伯齐利厄斯：Jöns Jacob Berzelius（1779—1848），瑞典化学家。

颂扬这三个国家的赞美诗，颂扬它们所共有的独特和优秀。

“大家可以看出来他被瑞典佬收买了。”这是我回到家乡后听到的关于这首歌的第一句评论。

岁月流逝，毗邻的国度彼此间有了更多的了解。奥伦施拉格，弗雷德丽卡·布雷默尔，还有泰纳尔的翻译接通了两国的文学界，而仅仅因为陌生而遗留的愚蠢敌意也消失了。现在瑞典和丹麦之间的关系美好而亲近。斯堪的纳维亚俱乐部在斯德哥尔摩成立，我写的歌也受到了推崇。当时人们说：“它将比安徒生的其他作品更加长存。”正如当初他们说这仅仅是谄媚奉承的产物一样，两种评价都有失公允。如今这首歌在瑞典和丹麦都广为传唱。

回到家乡后我开始勤奋学习历史，并对外国文学进行了更深入的了解。不过让我收获到最多快乐的是大自然的书卷，还有在弗能乡村的一处避暑住宅，特别是莱克舍尔姆，坐落在树林中一处极致浪漫的所在，以及格罗拉普庄园，那儿的主人给我以友好的接待，在此处的独自漫步中，我所得到的智慧远远多于在学校里学到的知识。

自那时候起，国会议员科林在哥本哈根的宅邸就成了我第二个家，在那里我有着父母和兄弟姐妹。最好的社交圈子为我敞开大门，那儿的学生生活也十分有趣，我完全融入在美好的青春里。哥本哈根的学习生活和德国的很不一样，它在当时别具一格，充满着活力。在我看来最显著的特色就是学生们的俱乐部，学生和教授们习惯在那里见面交流：年轻人和年长的学者间并没有隔阂。我们在这个俱乐部里可以找到各个国家的期刊和书本；每一星期都会有一位作家为大家朗读他最新的作品；我们也时常举办音乐会或者排演特色戏剧。就是在这里诞生了丹麦人民的第一批戏剧——一种以天真而诙谐幽默的方式表现的戏剧。有时候俱乐部也会为贵妇们表演戏剧，以获得公益上的支持。比如不久前的一场演出就是为了帮助多瓦尔生博物馆筹款建造毕森[1]的大理石雕像，诸如此类的事件，教授和学生们通常担任演员。我也参加了几次演出，感到自己在舞台上的恐惧感远远大于表演上的天分。除此之外，我也通过写剧本和导演一些场景来参与活动。我在小说《奥·特》中描写了不少这个时期学生俱乐部的情景。这本书中很多段落里出现的幽默感和对生活的热爱，以及我在当时创作的一些小剧本，都是因为科林一家的影响。在这样的良性影响下，我不再受到那种病态的矫揉造作思想的控制。对我有特别影响的是科林已经结婚的大女儿，她充满了幽默感和智慧。当思想如海水一般柔软并灵动时，它便能够像海水一样映射出天地万物。

现在我的作品在国内已经位列畅销一类了，因此我每出新的作品都能得到比先前更高一些的报酬。不过，说真话，如果当你明白丹麦的文学界是一个多么局限的空间时，你就会看到这些收入并不十分可观，可我还要生存下去。科林，他所做的永远比所承诺的要多，他给予了我帮助，他是我的慰藉，我的支柱。

当时担任丹麦首相的是康拉德·封·兰曹–勃兰登堡伯爵，他出生于荷尔斯泰因。他是位高贵、可敬的人，受过高等教育，具有真正的骑士气质。他很仔细地观察着德国和丹麦文学界的动向。他年轻时曾云游四海，在西班牙和意大利度过了很长一段时光。他读了我的《即兴诗人》原文，被深深吸引住，于是他无论是在宫廷中还是自己的私人圈子里，都对我的书赞赏有加。不仅如此，他还找到了我，成为了我的赞助人和朋友。有天上午，我正独自坐在自己的小房间内，这位友好的人第一次站在了我面前。他属于那种能够即刻燃起你自信的人，他邀请我去拜访他，很直率地问我有没有什么需要他帮忙的。我暗示自己为了生存而写作实在是倍感压抑，因为不得不常常为翌日的温饱而担忧，无法摆脱俗事的困扰，无法尽情驰骋自己的思想和心

[1] 毕森：Herman Wilhelm Bissen（1798—1868），丹麦雕塑家。

境。他亲切地握住我的手，承诺他会像朋友一样助我一臂之力。科林和奥斯特一定是悄悄地与他结交，向他推荐了我。

在弗雷德里克六世统治期间，已经有一个成立了多年的机构来为丹麦政府做一项崇高的事业，那就是除了每年赞助一批年轻的文学家和艺术家出国旅行之外，还会颁发一笔抚恤金给其中一部分没有职位薪酬的人。所有重要的诗人们都能拿到这笔资助——奥伦施拉格、英格曼、海贝格、C.温特，等等。那时赫尔兹也刚刚获得了这项奖金，这让他的未来生活得到了更多的保障。我也希望这样的好运能降临到我头上——我的心愿达成了。弗莱德里克六世批准了我每年两百利克斯银圆的奖金。我再也不用为了糊口而写作了，我有了一定的积蓄以备病患之需。我对周围人们的依赖也减少了，我的生活开始了崭新的章节。

第六章 坐在『前座』的戏剧诗人

从这天起，我的心灵便沐浴在恒久的阳光中。我的内心变得更平静，也更坚定。当我回顾早年的生活时，从不怀疑是仁爱的上帝在眷顾着我，是一股强大的力量在指引我的方向。而当一个人越确信这一点时，他越会得到更多的安全感。我的童年已成为过去，我的青春正是从这时开始。到目前为止我一直都在生命的河水中逆流而上。现在我生命中的春天开始了，不过到达盛夏之前，春天里也有一些阴暗与风雨交加的日子，正是这样的天气促使了果实的成熟。在这里我将要谈到的事情，可以用一位好友的来信作为开头。那是我再次出国旅行期间，有位亲爱的朋友以他独特的风格写道：“是你自己想象力太过丰富，误以为自己在丹麦受到排挤，事实完全不是这样的。你本可以和丹麦保持统一，和谐共处，如果丹麦没有剧院的话——Hincillaelacrymae！[1]这该死的剧院啊！这就是丹麦吗？而你，难道仅

[1] 拉丁语，这些眼泪便由此而来！

仅是为剧院而写作的人吗？”

这是个不争的事实。是剧院催生了那些对我劈头而来的罪恶风暴。剧院的那些人，是个特殊的群体——他们区别于普通人，就像贝都因人区别于德国人一样。从首席舞蹈演员到首席爱情戏主角，他们每个人都将自己摆在特定的位置上，与世上其他的一切格格不入。丹麦的剧院是优秀的，或许可以和维也纳的布尔格剧院媲美。哥本哈根的戏剧在人们的谈话中扮演了太重要的角色，而且也在很多社交圈里占据了太重要的位置。我与其他大城市里的舞台和演员们并不够熟悉，因此也无法将他们与我们自己的剧院相比。可我们自己的戏剧太缺少军事化的规范，而由众人组成的群体是非常有必要形成集体意识的，即使这是一个艺术的群体。哥本哈根最著名的戏剧诗人们，也可以说是全丹麦最著名的，因为我们只有一所剧院——都免不了遇到麻烦。那些演技出色或是广受欢迎的男演员和女演员们地位很高，常常凌驾于剧院经理和戏剧作家之上。后者必须对他们毕恭毕敬，否则他们就能毁掉一个角色。或是更甚，在一部戏还未上演之前就散布负面的评价，这样一来你的作品还没有面世就得到了来自咖啡馆里的差评。此外哥本哈根的观众们还有一个特点，那就是当一部新戏即将上演时，他们的反应不是“我很高兴听到这消息”，而是“这部戏很有可能不怎么样，估计是要被嘘下台的。”将一幕戏嘘下台是件重要的事儿，也会让全场的气氛高涨。不过被嘘的不是那个蹩脚的演员，罪魁祸首是剧本作家和作曲者，就是因为他们戏台才搭起来的。通常是开场五分钟后，口哨声便回响起来，可爱的女士们微笑着，自得其乐，就像那些欣赏着血腥斗牛的西班牙女士们一样。我们所有的卓越戏剧作家都被口哨声嘘下台过——奥伦施拉格，海贝格，等等。更不用说经典的外国戏剧了，比如莫里哀。当时丹麦作家们的读者大多局限在国内，而为剧院写剧本是收益最高的一项工作。这也驱使我写下了之前提到的一出歌剧脚本，并为此遭到了无比猛烈的抨击，而发自内心的冲动又促使我后来写下了其他的作品。科林已不再担任剧院院长一职，接替他的是法院理事莫贝克。在这段专制的时期里，戏剧艺术衰落到只剩下喜剧了。我想当时的审查手册应该可以反映一些时代特色，这些文稿都还保存在剧院里，莫贝克在上面记录了他对剧本的接收和拒绝情况。我写的所有作品都被拒绝了！只有一个办法能将我的剧本搬上舞台，那就是将它们交给那些在夏天自费演出的演员们。在1839年的夏天我写了一部歌舞喜剧《斯布罗格岛上的隐形人》，舞台布景原本属于另外一部提前夭折的剧本。剧中那无拘无束的快乐气氛受到了观众的极大欢迎，以至于通过了剧院经理的审查。出乎我意料的是，那幅无足轻重的背景图也从一大堆作品中幸存，并一直保留了下来。然而，这一次的赞誉却没有给我带来更多好处，我后续的剧作还是没有一部不被拒绝，并让我蒙羞。可我仍然继续着创作，有次一部法国小说《路面》激起了我的灵感，于是我下决心将它改编成戏剧。由于我之前常常被批评在内容创作中不够勤勉，这次我决定在这部剧本上下一番苦功。剧本名为《黑白混血儿》，从开头到结尾，我以一丝不苟的态度精心创作，并且根据当时流行的风格写成了隔行押韵诗体。这次我选取的是一个国外的主题，如果说诗句是音乐，那么至少我努力使这音乐与文本契合，并让他人的诗歌融进我的精神血液里。这样我就不会再听到人们说，这部作品是被生硬地截取下来搬到舞台上的，之前沃尔特·斯科特的那部改编剧本就受到了如此的评判。

剧本完成后，专业人士，我的老朋友，扮演角色的演员们看了反响都很好。内容体现了良好的戏剧素养，我的抒情诗风格也是异常新鲜的一次尝试，大家看起来都很满意。剧本送进了剧院，被莫贝克否决了。众所周知，他所看重的剧本在演出的第一晚后就无人问津了，而被他像野草般舍弃的那些作品却真正是园中的鲜花——这对我是一大安慰。助理院长阿德勒是枢密院顾问官，这是位有品位，思想开明的人，他成了我作品的赞助人。由于这部戏在公众间已经好评如潮，在很多人听我朗读过之后，它终于被决定搬上舞台。我有幸在当今的国王和王后面前朗读了它，得到了他们非常和蔼而友好的接见，从那时起，他们便给予我很多厚爱和礼遇。戏上演的那天到来了，海报已经贴上，我满心兴奋和憧憬，一整晚都没有合眼，人们早早聚集在剧院门口等着买票。这时候，皇家的信使们骑马穿过街道，庄严的队伍排列起来，葬礼的炮声响起——弗莱德里克六世今天早晨去世了！

剧院关闭了两个月后，在克里斯蒂安八世的授意下以我的新剧《黑白混血儿》为起点再次开始了演出。这部戏获得了巨大的成功，可是我一次也没有感受到欢喜，而只觉得在极度的兴奋过后得到了一种解脱，这让我可以更加自由地呼吸。

随后这部戏一系列的演出都得到了同样的认可。很多人都认为它超越了我之前的所有作品，并且是我诗歌生涯的真正开端。很快它就被译成了瑞典语，并在斯德哥尔摩的皇家剧院内上演，反响热烈。四处游历的演员们将它介绍到邻国的小镇上。丹麦的一个公司在瑞典小城马尔默安排了一场丹麦语版的演出，受到了一群来自隆德大学的学生们的热烈欢迎。在此之前的一周我已经拜访了一些住在瑞典乡村的人士，受到了盛情的款待，这些记忆使我难以忘怀。就在那个陌生的国家，我第一次得到了公众所给予的荣誉，在我心中留下了深深的、不可磨灭的痕迹。隆德大学的学生们邀请我拜访他们所在的古老小镇。他们为我举办了一场宴会，大家发表演讲，敬酒祝福。晚上我待在一个家庭聚会中，得知学生们要以一首小夜曲来向我致敬。

我感到自己几乎不能承受这样的荣誉了，看着头戴蓝帽子的人们手挽手涌入房子里，我兴奋的心怦怦直跳。一种卑微的感觉涌上心头，我万分清醒地认识到自己的不足之处，因此当他人都在抬高我的那一刻，我弯下了腰，仿佛一直低到了地面。当我走进门，大家都脱帽致敬，我得竭尽全力止住自己激动的眼泪。我深感自己并配不上这所有的荣誉，不由得四处张望，看看是否有谁的脸上没有挂着笑容，可我没能观察到这样的情景。在那个时刻，一旦我看到一张不欢迎我的脸，将给我带来最深的伤害。

在一阵欢呼声后，人们开始发表演讲，有一段话我至今还清楚记得：“当您的祖国，以及您欧洲的同胞们给予您你敬意的时候，希望您不会忘记，这第一次公众的致敬来自隆德大学的同学们。”

当内心太激动时，人的表达能力往往会被削弱。我对此深有同感，并下决心从这一刻起，一定要努力成就自己，以配得上人们给我的荣誉。我与身边最近的一些人握手，对他们回以最深沉、最真切的感谢，再没有比这种谢意更加发自内心的了。当我回到自己的房间时，我走到屋角，以便从这种激动和兴奋的情感中冷静下来。“别再想这些了，开心地和我们在一起吧！”我那些活跃的瑞典朋友说道，然而那种浓烈的热情已经进入了我的灵魂。我时常回忆起这次的经历，任何思想正派的人读到这些时都不会看到一丝虚荣，因为长久以来我都在回味生命中的这一刻，并铲除骄傲的种子，而不是浇灌它们。

现在我的戏剧将要来到马尔默的舞台上，学生们期待着看演出，我为了避免在演出时到场，便匆忙离开了。我的思想载着满心的感激和喜悦朝瑞典大学的城市飞去，可惜我本人再也没有回去那里。我已经提到过瑞典的报纸对我颁发的荣誉，此外瑞典的人士也清楚在我的祖国有那么一批人在针对我施加迫害，然而这一点也不会妨碍我的好邻居们赐予我他们认为我应得的荣誉。

当我回到哥本哈根时，才第一次真正感到了瑞典人对我是多么的友好，在我的一些同甘共苦的朋友中我得到了他们最真挚的支持。我看到他们眼含热泪，那是为我所得的荣誉而欢喜的泪水。他们说，那也是因为我对待他们的态度而感动的泪水。而我只有一种态度，那就是在喜悦中，怀着感激飞向上帝。

也有那么一些人对公众的热情嗤之以鼻，有那么一些声音公开反对《黑白混血儿》，他们仔细研究了那部法国小说，得出了结论“剧中的内容完全借鉴他人”。现在我得到的过分赞誉反而使我对责备声更加敏感，我不再像以前一样能轻易忍受批评，并更加清楚地认识到，这些批评不是针对我的作品而发，却仅仅是为了羞辱我。除此之外我的思维倒是清醒而活跃，就在这时我萌生了创作《没有画的画册》的想法，并很快付诸实现。这本书出版了，从书评和出版的数量来看，它在德国取得了不平凡的成绩。它还被翻译成瑞典文，译者为我作了献词。在我的家乡，它并没有受太多重视，人们只谈论《黑白混血儿》，到最后谈论的也仅仅是这部戏的内容。于是我决定写一部新的戏剧作品，它的主题、情节以及一切内容全由我自己创作。我写下了悲剧《摩尔人的女儿》，希望以它来堵住那些贬低我的人的嘴，并让自己成为名副其实的戏剧诗人。我也希望用这部作品的收入，加上《黑白混血儿》的所得，开始一场新的旅行，不仅仅是去意大利，还有希腊和土耳其。我的第一次出国旅行为我带来了前所未有的灵感和进步，因此我现在对旅行充满了向往，并热切地争取这样的机会来读懂更多的自然和人生。

海贝格对我的新作并不满意，更不喜欢我在其中的戏剧尝试。他的妻子拒绝了在戏中扮演角色——我自认为剧中很大一部分情节都是为她而写的——她的态度也不是很友好，深深受伤的我走开了。我在一些人面前诉苦，不知是因为我的话被传开了，还是这种对大众偶像的抱怨都成了罪过，反正从这一刻起海贝格变成了我的对手，我曾经多么崇拜他的文学造诣，多么情愿和他站在同一阵营，我也可以大胆地说，有多少次我发自内心地向他靠拢。我常常说他的妻子是一名杰出的女演员，并一直坚持这一观点，我可以毫不犹豫地声明，倘若丹麦语能像德语或是法语那样广为普及，那么她会成为享誉全欧洲的明星。在悲剧中她是最出彩的一位，可以凭借自己的灵气和亲和力理解并胜任任何角色；在喜剧中她更是无与伦比。

不管错在哪一方，我已经与一群人为敌了。我感到自己受了伤害，那些步调一致的批评让我情绪激动。待在国内让我感到不舒服，几乎要病倒了。于是我把作品扔给命运来处置，在痛苦与仓皇中，我匆匆离开。在这样的情绪中我为《摩尔人的女儿》写了一篇序言，字里行间都太明显地流露出我的恼怒。如果要对我的这段生活作更加清楚和透彻的交代，那我就不得不刺探剧院内的秘密，剖析我们文艺界的派系，并将许多本不在公众视野中的人拖入明处。很多人处在我的位置时，会像我一样病倒，或是满心憎恶——或许后者是最明智的反应了。

在我离开之际，我在学校的一些朋友为我举行了告别宴会。到场支持我的年长作家们有科林、奥伦施拉格和奥斯特。这多少在我屈辱处境里投进了一丝阳光。我们唱起奥伦施拉格和赫勒鲁普的歌曲。当我狼狈地离开祖国时，在这里找到了情义和友谊。那是1840年的10月份。我第二次奔向意大利和罗马，去往希腊和君士坦丁堡——我在《一个诗人的集市》中以自己的风格描绘了这次旅行。

我在荷尔斯泰因与兰曹-勃兰登堡伯爵共度了一段时光，他此前就曾邀请我，于是我第一次拜访了他家族的古老城堡。当我渐渐熟悉荷尔斯泰因的美景、荒野和沼地，又急忙从纽伦堡赶到慕尼黑，再次见到科尼利厄斯[1]与谢林[2]，考尔巴赫[3]和谢林热情地款待了我。我走马观花地掠过慕尼黑的艺术生活，大多数时间还是沉浸在独自一人的世界里，有时我的世界充满了生活的喜悦，更多时候却是对自己的力量感到绝望。我有着一种古怪的天赋，总让自己徘徊在生活的阴暗面，汲取并品尝苦涩的滋味，而当这一切都耗尽时，我还知道该如何来折磨自己。

冬季来临时，我穿过布里纳，在佛罗伦萨待了一阵子，比我上次

[1] 科尼利厄斯：Peter Cornelius（1824—1874），德国作曲家、音乐作家、诗人和翻译家。
[2] 谢林：Friedrich Wilhelm Joseph Schelling（1775—1854），德国哲学家。
[3] 考尔巴赫：Wilhelm von Kaulbach（1805—1874），德国画家。

逗留的时间短一些。圣诞前夕我到了罗马，在这里我再一次瞻仰了艺术的宝贵财富，与数位老友相聚，也再次赶上了狂欢节和“长生烛”节目。然而这次不仅我病倒了，周围的环境似乎也都染上了病症，我第一次逗留此地时的那种平静和新鲜感都荡然无存。这段时间地震频发，台伯河两次漫上了街头，肆虐的热病带走了许多人的性命。很短的时间内伯吉斯王子就失去了他的妻子和三个儿子。外面常常是风雨交加。总之，这儿是一片凄凉，而从家乡传来的消息也总是让我心寒。我收到来信，说《摩尔人的女儿》上演了几次，已经渐渐远离了舞台，就像之前我们预料的一样，由于观众有限，剧院经理已经把剧本放到了一边。我在罗马的同胞们也收到来自哥本哈根的信，谈到海贝格的新作所引起的轰动——那是一篇讽刺诗《死亡后的灵魂》。他们写道，这部作品刚刚发表，就在全哥本哈根流传开了，尤为引人注目的是安徒生也出现在文中。这本书广受好评，而我在其中成了笑柄。那就是我所听说的一切，我所知道的一切。没有人告诉我人们究竟是怎样评价我的，又是在哪里出现了那些可笑而荒谬的言辞。当我们都不知道自己为何受到讥讽时，无疑是件痛苦的事情。这消息仿佛熔化的铅滴进了伤口，让我感到万分痛苦。直到我回到丹麦读了这本书，才发现自己是怎样被描绘的，而这其实真的不值得让人放在心上。那只不过是对我的知名作品《从斯霍耐到洪斯山脉》开了一个玩笑，海贝格并不喜欢它，因此他将我的《黑白混血儿》和《摩尔人的女儿》都送去地狱。这真是一个聪明人的自负，于是那些罪恶的灵魂们注定要在一个晚上看到这两场演出，然后他们便可以离开并躺下安息了。除此之外，我是十分欣赏这首诗的，一度很想写信给海贝格，对他致以谢意。我带着这份冲动入睡，醒来时便冷静下来，我恐怕这份致谢会遭到误解，于是我放弃了。

就像我说过的一样，在罗马我没能看到这本书。我只听见利箭和子弹嗖嗖地飞来，感受到了伤口的痛楚，却对他们所包裹的是何种毒药一无所知。在我看来罗马不再是带给人欢乐的城市，我在那里度过的日子是阴暗苦涩的，我生平第一次真正地生病，我的身体垮了，我匆忙离开了这里。

那时丹麦诗人霍尔斯特[1]也在罗马，他获得了这一年的旅行资助。霍尔斯特为国王弗莱德里克六世写了一首挽歌，这首歌口口相传，轰动一时，就像当时德国的贝克尔写的那首莱茵河之歌一样。我们住在罗马的同一所房子里，他对我关爱有加：我们结伴去了那不勒斯，那时已经是三月，可阳光还是淡淡的，山上仍覆盖着积雪。我发着烧，从身体到精神都饱受折磨。很快我就染上了严重的热病，我在那不勒斯的好房东坚持帮我放了血，这才救回了我一命。

过了一些日子我明显好多了，并继续我的旅程，搭乘一艘法国战时的轮船驶往希腊。霍尔斯特来到甲板上为我送行。现在我似乎开启了一种新的生活，毫无疑问就是这样。如果说这一点没有反映在我随后创作的作品里，那么它也显现在我的价值观以及我内心的成长中。当我在欧洲的家被远远地甩在身后时，我似乎看到一股遗忘的泉流冲去了所有苦痛和怨怼的记忆：我的血液恢复了健康，我的思想恢复了健康，我浑身充满着活力和勇气，再一次昂起了头。

我眼前的希腊，就像是另一个瑞典，还有着比意大利更高、更清澈的天空。这里给我一种深刻而庄重的印象，我感到自己站在世界上最伟大的战场上，一个个民族曾在此激战，而后消失不见。没有哪一首诗可以囊括如此的伟大。这里每一片枯焦的河床，每一处高地，每一块石头，都联系着过去的宏大事件。在这样一个地方，庸常生活中的那些不平等又算得了什么呢！无数的思想灌注了我的全身，这状态太过充实，以致我无法写好其中的任何一个。我渴望能表达一种观点，那就是在这片土地上有位神灵在维持着他的棋局，有时它被拉得

[1] Hans Peter Holst（1811—1893），丹麦诗人。

停滞倒退，而经过时代变迁，它再一次成功地前进了。我在“流浪的犹太人”这个传说中也找到了一个相关的例证。过了十二个月，终于有部小说的构思从我如潮的思想中浮现出来。有时候它完全填充了我的内心；有时候我想象自己像炼金术士一样已经打捞到了宝藏，然而它又突然沉了下去，让我感到永远无望再让它重见天日。我觉得自己必须要掌握广泛的知识。每当我在家中被迫听取人们对我的责备，强调所谓的好学心时，其实我已每天看书到深夜，研习黑格尔的《历史哲学》。我并没有提及此事或是我其他的学习计划，否则他们定会立即反驳。像一位常训导我的夫人一样说，人们只是在公正地指出我的学识不够。“你真的没有神学素养，”她说，“在你所有的诗歌里都没有唯一的上帝。你必须去追寻神学，你必须读一读拉辛[1]和高乃依[2]。”那是她所认为的学识。同样地每一个人都会给我一些奇特的建议。为了写《亚哈随鲁王》[3]这首诗，我已经阅读了许多资料，也做了许多笔记，可是仍然不够。到了希腊，我想所有的信息终能汇集成一条明晰的线索。这首诗还没有成形，可我希望它终究会被我完成的。因为，不论是精神的孩子，还是凡夫俗子，他们都会在睡眠中成长。

在雅典我受到了我的同乡们和一位罗斯教授的衷心欢迎，罗斯是荷尔斯泰因人。在尊贵的普罗克契-奥斯汀[4]那里我也感受到了热情与友好，连国王和王后都非常和蔼地接见了我。我在雅典的卫城庆祝了自己的生日。

我从雅典乘船赶往埃及的士麦那，即将踏上地球另外四分之一的土地，这带给我的并不是孩童般的欣喜。我感到自己投身于一项庄重的事件之中，就像我儿时走进奥登赛的老教堂时那种感觉。我想到

[1] 拉辛：Jean Racine（1639—1699），法国诗人及悲剧作家。
[2] 高乃依：Pierre Corneille（1606—1684），法国悲剧作家、诗人。与拉辛、莫里哀并称为十七世纪法国古典主义戏剧的三巨匠。
[3] 基督教《圣经》中的一位波斯国王。
[4] 普罗克契 - 奥斯汀：Anton von Prokesch - Osten（1795—1876），奥地利外交官、政治家、将军。

基督，他在这片土地上洒下了热血；我想到荷马，他的歌声从这里开始，永远回响在地球上。亚洲的海岸在向我布道，这可能比我在任何教堂里听到的任何布道都更为深刻。

在君士坦丁堡我度过了精彩的十一天，拜我旅行中一向的好运所赐，穆罕穆德本人的生日恰恰落在我逗留的那几天内。我有幸目睹了灯火辉煌的庆典，这将我完全带入了《一千零一夜》的时代。

我们的丹麦大使住在距离君士坦丁堡数公里以外的地方，所以我没能有机会去拜访他，不过我得到了奥地利公使封·斯托默男爵的热心接待。在他那里我有了德国的家和朋友们。我计划沿着黑海一路返回，向北到达多瑙河，可这个地区突然陷入了混乱，据说有几千名基督徒被谋杀了。在我待的村庄里，和我同住一间旅馆的同伴们决定放弃这条我一心向往去多瑙河的路线，并一致劝阻我。在这种情况下我必须回到希腊和意大利——这次的动乱非常严重。

我并不是那种勇敢的人，特别是遇到小危险时我尤其感到害怕。可是当我身处大的险境，需要自己努力占据上风时，我便有了勇气，随着年岁增长我这种勇气也愈发坚定。我也许会发抖，也许会恐惧，可是我仍然会做出自认为最正确的事情。我不介意承认自己的软弱，我想，当我们出于自己真正的信仰而去抵抗生来的恐惧感时，那就是做到了我们该做的事。我是那么渴望能亲近这个国家的内陆，并横渡多瑙河最宽广的河面。我的内心在挣扎，我想象着可能发生的最可怕的处境，这一夜我都辗转难眠。第二天早上我向斯托默男爵征询意见，当男爵说我可以去海上航行时，我下定了决心。从那一刻起，我便坚定不移地依赖着上帝，平静地将自己交给命运，一路上都很顺利。这是一次激动人心的航程，经过瓦拉几亚边境的封锁之后（这已经让我感到很痛苦了），我在第二十一天到达了维也纳。满城的塔楼映入我眼帘，加上与众多丹麦朋友的见面，让我想起自己很快就要回到家乡了。这念头叫我心一沉，那些悲伤的回忆和屈辱再次浮现在我脑海里。

1841年8月，我又一次回到了哥本哈根。我将旅行的经历写成一本集子，名为《一个诗人的集市》，按照不同的国家分成许多章节。就像在家乡一样，在国外不同的地方我都会遇见一些自己喜爱的人。一位诗人就像一只鸟儿，他献出他所拥有的一切，吟唱出一首歌。我急切地希望向每一位亲爱的人献上这样一首歌。我可以大胆地说，这是在感激的心情下催生出的一瞬间的想法。意大利的兰曹-勃兰登堡伯爵热爱着他的国土，并通过我的《即兴诗人》成为了我的朋友和资助人，他一定会喜欢我在书中描写他祖国的那一章。我将多瑙河之行的这一部分献给李斯特[1]和塔尔贝格[2]这两位厚待我的朋友，因为他们一个是匈牙利人，另一个是奥地利人。当读者看到这些说明时，他们便能很容易发现我是如何选择每一章的献辞。然而，在我的祖国，这些附加的文字被认为活灵活现地反映了我的虚荣心。“我希望能与伟大的人们相提并论，叫大家知道这些杰出的人都是我的朋友。”

这本书被翻译成了多种外语，书中的献辞也包括在内。我不清楚它在国外得到的评价如何，如果和丹麦一样的话，我希望这里的解释能够改变人们之前的看法。在丹麦这本书带给我有史以来最丰厚的报酬，这也证明了至少是有人愿意读我的书的。这次并没有出现像往常一样的批评言论，除了一些日报上的公告，以及后来一位作家发表的讽刺诗。他是位正在进军诗歌界的年轻人，一年前还写信给我表达了他对我的好感和支持，可现在却在他的第一次公开亮相中抛出了这首针对朋友的作品。我个人当时还是喜欢这位年轻人的，现在也是如此。他必定是一心想追随海贝格以获得公众关注，却无暇顾及他会给我造成的伤害。哥本哈根的报刊评论实在是愚蠢至极。他们控诉我的

[1] 李斯特：Franz Liszt（1811—1886），匈牙利钢琴演奏家和作曲家，浪漫主义音乐的主要代表人物之一。

[2] 塔尔贝格：Sigismond Thalberg（1812—1871），瑞士出生的19世纪奥地利钢琴家、作曲家。

极度夸张，说当丹麦人民看到新月时，我在埃及的士麦那可以看到一轮蓝色的满月。任何睁开眼能看得见的人都明白，这叫作奔放的想象力。新月的背面不就是一个深蓝色、正圆形的圆盘么。

丹麦的批评家们一般都没有观察自然的眼光，即使是最高端、素质最高的《丹麦文学月刊》也是如此，有一次他们指责我的原因竟然是我在一首诗中描写了月光下的彩虹。这也仅仅是我的想象而已，而他们认为太离谱了。当我在《一个诗人的集市》中写道：“如果我是个画家，那么我会画下这座桥；可我不是画家，而是位诗人，因此我必须说出来。”对此有评论说，“他也太自负了，竟然自称是位诗人。”这样的评论听起来愚蠢得可怜，也不会伤到人。然而即使我们是最安分守己的人，也有着冲动去鞭打这些落水狗，这些跑进我们的屋子然后挑最好的位置躺下来的家伙们。从我第一次进入公众视野一直到现在，我被迫听到的所有荒唐和无耻的言论已经可以凑成一部《蠢话纪事》了。

与此同时许多人都读到了《一个诗人的集市》，引发了所谓的轰动。由于这本书，我也得到了祖国文学界很多上流人士的鼓励和肯定。

这次旅行让我的身心都更加强壮，我开始拥有更坚定的目标，更准确的决断。如今的我已经可以和周围的人们和谐共处了。

那时丹麦的政治生活发展到更高的阶段，这带来了喜忧参半的结果。先前人们能言善辩的技巧都被运用在了日常生活中，而现在则应用于更大的利益主体。我对此没什么兴趣，认为没有必要让自己搅进这些事务中，因为我觉得当时的政治对于很多诗人来说是件不幸的事。政治就像是维纳斯，那些被引诱进入她城堡的人都毁灭了。这些诗人们的作品就像当天的报纸一样：人们抓起它们，读过、赞美过，然后就抛到脑后了。在我们的时代每个人都希望能掌控全局，主观意识驾驭着价值观。人们忘记了心中所想的并不一定能付诸实践，就像一棵大树的顶端与根部截然不同，很多事情并不和预想的一样。不论君王还是百姓，我只向那些有着尊贵信仰，以及一心向善的人们低头鞠躬，政治与我无关。上帝赋予了我另外的任务，我过去能感觉到，现在仍然知晓。我遇到了一些来自这个国家中所谓一流家族的人们，他们友好而善良，珍视我的价值，迎接我到他们的圈子，并允许我参加他们在华丽的避暑庄园里欢快的聚会。因此，依旧独立的我还可以全身心地投入到大自然，享受孤寂的树林和乡村生活的乐趣。我第一次完全身处丹麦的自然风光中，我大部分的童话都是在那里写就的。在静静的湖岸，在丛林之中，在绿草遍布的牧场上，野生动物从我身边跃过，鹳鸟迈着红色的细腿踱步，我的耳边没有任何关于政治和论战的消息，我也听不到任何人拿黑格尔的理论练口才。自然环绕着我，自然充盈着我，我聆听着自己内心的渴望。我在吉斯尔费尔德的老宅子里度过了许多欢乐的日子，这原先是个修道院，坐落在静寂的丛林深处，四周环绕着湖泊和小山。这个好地方的主人是年老的丹妮丝约尔德伯爵夫人，这位和善而优秀的夫人是奥古斯汀堡公爵夫人的母亲。在那里我不再是出身平民的穷小子，而是个受到礼遇的客人。如今她长眠在那片风景宜人的地方，山毛榉树林已遮盖了她的坟墓。

与吉斯尔费尔德紧邻的是块更加雅致、宽广的土地，布里金特德，属于丹麦财政大臣莫尔特克伯爵一家。这儿是我们国家最富有和最美丽的地方之一，在这里我被主人的好客以及快乐的社交生活所围绕，整日沐浴着阳光。

或许在有些人看来，我的目的只是凸显这些人物的名字，将他们拉过来一一展览，又或者我希望通过这种方式来感谢我的资助人们。其实他们并不需要这个，而如果我真是出于此意的话，那还得提到其他许多名字呢。我只愿提及这两个地方以及属于斯坦佩男爵的尼索，后来因多瓦尔生而闻名。在这里我多与伟大的雕刻家们为邻，并认识了一位最亲爱的年轻朋友，他也是这片土地未来的主人。

在不同圈子里的各种见闻给我很大的影响：在王子、贵族、最穷苦的百姓当中，我都遇见过拥有高贵品质的人。在善与恶的标准里，我们所有人都是相似的。

冬天的丹麦同样有着风格各异的美景胜地。这年冬天我也在乡下待了一段时间，体验这个季节的独特景致。不过我最多的时间还是在哥本哈根度过。科林的儿女已经结婚，我与他们亲如家人，看着他们生下的一群可爱孩子慢慢长大。我与天才的作曲家哈特曼[1]的友谊随着年月的增长而更加深厚，他的家中充盈着艺术气息和大自然的清新。科林是我现实生活的顾问，而奥斯特则指导我的文学事务。剧院，是我的俱乐部，如果我可以这样说的话。我每晚都会去那里，而就在这一年我在所谓的“宫廷包间”中得到了一个席位。这当然是每一位作家竭力争取的荣誉。当他的作品刚刚被认可时，他只被允许坐在观众席上；当他的第二部更大的作品取得成功时，他就可以进入包厢，与演员们坐在一起；在他发表第三部更厚重的作品，或是一批稍短的作品时，这位诗人就前进到了最好的位置。这里可以看到多瓦尔生，奥伦施拉格，还有一些年长的诗人。而在1840年，我创作了七部剧本后，也得到了这里的位置。当多瓦尔生在世时，他常常让我坐在他身边。奥伦施拉格也是我的邻居。在许多个无梦的夜晚，当我坐在这些伟大的灵魂中间时，我的灵魂进入了深深的谦卑中。我一生中的不同时期从眼前闪过：当我坐在女配角包厢的笨拙木凳上时，还有当我满怀着孩子的迷信跪在舞台上祈祷时，那时的我就跪在我如今的位置前面，在这些一流杰出人物的位置前面。在那时如果有人看到我，他可能会这样说我“看那坐在两个伟人的中间狂妄而自大的家伙。”如今他便可以通过自己的眼睛认识到他曾对我做了多么不公的评价。我的心中充满了谦卑感，祈祷上帝赐予我争取幸福的力量。他能一直让我拥有这样的感受吗？我与多瓦尔生和奥伦施拉格结下了友谊，他们是北

[1] 哈特曼：Emil Hartmann（1836—1898），丹麦作曲家。

欧的地平线上最耀眼的两颗明星。在这里我希望讲述自己有幸接触到的、他们散发出的荣光。

在名人的光环背后，奥伦施拉格是位安静而内敛的人，有着特别率真和孩子气的性格，让人禁不住去喜爱他。作为诗人，他在北欧的地位相当于歌德在德国那样重要。北欧精神深深融入到他最好的作品里，通过他的表达而升华到所有民族之上。在国外他并不太受欢迎，他最有名的作品是《柯勒乔》和《阿拉丁》。可实际上他的诗歌《北欧众神》的水平远远高于前者——这是我们的《伊利亚特》，它拥有着力量与生气——唉，对此我的语言是如此贫乏。这是部伟大的作品，是诗人奥伦施拉格在全盛时期的灵魂之作。在奥伦施拉格的诗歌中，《哈康》《首领》和《帕尔纳托克》将和人类一样长存。丹麦、挪威和瑞典都对他十分欣赏，也毫不掩饰这种欣赏，不管何时有人问道，谁是这里思想界的第一高峰，这个桂冠总是给予他的。他是位天生的诗人，他看上去总是那样年轻，而他其实是最年长的一位，拥有着超出所有人的智慧和创造力。他以友好的姿态倾听我第一次书写，发自内心的抒情诗；也以真诚热心的态度认可我这位讲童话故事的诗人。我的传记作家在《丹麦名人志》中将我与奥伦施拉格联系到了一起，他说道："在我们这个时代，越来越少的人能够完全跟随他灵魂中与生俱来的冲动，这种冲动让他们无法抗拒地朝着艺术家或是诗人的方向前进。很明显这是源于自然本身对这种职业的定位，而他更多的是受到了命运和环境的左右。对于我们大多数诗人来说，早期对激情的感受，内心的经历，或是外部的环境影响，都远胜过了自然本身。在我们自己的文学界，毫无疑问没有比奥伦施拉格和安徒生的例子更能证明这一点了。它可以解释为什么前者常常成为评论界的攻击对象，为什么后者作为诗人得到的最早欣赏来自国外，来自那些具有更长文明进程的国家，它们的文明早已脱离了学院派的条文束缚，并乐于回应新鲜和自然的事物。恰恰相反，我们丹麦人仍狂热地崇拜着学院的教条和古老格言里褪色的智慧。”

正如我之前提到过的，我与多瓦尔生相识于1833年到1834年的罗马。他将于1838年秋天回到丹麦，于是人们开始准备盛大的欢迎仪式。按照计划，当他乘坐的船一进入视野，哥本哈根的一座高塔上就会挥舞起一面旗帜。这是个全民的节日，瑞德河上停满了插着鲜花和彩旗的船只；画家、雕刻家们的旗子都有着自己的标志；学生们的旗子上画着密涅瓦[1]，诗人们的则是珀加索斯[2]。那天雾蒙蒙的，当人们看到船时，它已经离城市很近了，一大群人涌上去迎接他。我记得，根据海贝格的安排，受到邀请的诗人们都站在他们的船头，只有奥伦施拉格和海贝格还没有到场。现在船上放起了烟花，开始抛锚了，我们担心还没等到我们出来迎接，多瓦尔生就会登岸。海风将歌唱声吹到我们耳边：欢迎仪式已然开始了。

我着急想见到他，于是朝其他人喊道：“我们过去吧！”

“不等奥伦施拉格和海贝格了吗？”有人问。

“可是他们没有来啊，再等下去仪式就结束了。”

有位诗人喊道，“如果那两位不在的话，我们就不该在那面旗帜下航行！”他指着上面的珀加索斯。

“我们把它丢在船上好了，”我说着取下了那面旗子，这时其他人跟上了我，我们恰好在多瓦尔生上岸的时候迎了上去。我们在另一艘船上遇到了奥伦施拉格和海贝格，当岸边的狂欢开始时他们朝我们走来。

多瓦尔生的马车被人群簇拥着驶过街道，来到他的住所前，他被一大群人围绕着，每个人都和他有些许交情，或者是他朋友的朋友。到了晚上艺术家们为他准备了小夜曲，燃烧的火炬点亮了大树下的花园，这里真真切切地涌动着狂欢和喜悦的气氛。年轻和年老的人们急

[1] 密涅瓦：Minerva，罗马神话中的智慧女神，即希腊神话中的雅典娜。
[2] 珀加索斯：Pegasus，有双翼的飞马，被其足蹄踩过的地方有泉水涌出，诗人饮之可获灵感。

匆匆地穿过一扇扇敞开的门，开心的老人家搂住他认识的朋友们，亲吻他们，并紧握他们的双手。多瓦尔生周围的耀眼光环让我畏缩了：我的心加速跳动，为能看见他而欢喜，在国外他曾给我带来和善与宽慰，将我拉近他的胸膛，并说过我们要一直做好朋友。可是在这欢天喜地的人群中，成百上千的人注意着他的每一个举动，如果我在他身边，必然也要在众目睽睽之下接受批判——是的，人们会批判这个一事无成的人现在也想显摆自己认识多瓦尔生，得到这位伟人的友好相待。在这里，在拥挤的人群中，我退缩了，躲进他视线所不及之处。过了几天，我在一个清晨登门拜访他，发现他仍旧是我的朋友，他还纳闷怎么早些时候没有看到我。

为了纪念多瓦尔生，一个音乐和诗歌研讨会成立了，受到海贝格邀请的每一位诗人都要为回到家乡的多瓦尔生写一首赞美诗并当众朗诵。我写的是《寻找金羊毛的伊阿宋》[1]——以伊阿宋比喻摘取金色艺术果实的多瓦尔生。这次庆典以一个盛大的宴会和舞会收尾，至此，丹麦第一次将大众聚会和人们热爱的艺术主题带进了公共领域。

从这天晚上起我几乎每天都能见到多瓦尔生，或是在活动中，或是在他的工作室。我常常和他在尼索一起度过好几个星期，他似乎在那里很有归属感，他在丹麦写成的很大一部分作品都是在那里萌芽的。他生性纯良而直爽，不乏幽默感，因此他极其仰慕诗人赫尔拜：他完全不沾染世间的凡俗事务和争执。

有一天早晨在尼索，那段时间他正在创作自己的雕像。我走进他的工作室说了声早安，他看起来并没有注意到我，于是我轻手轻脚地走开了。早餐时他沉默寡言，而当有人请求他说些什么时，他干巴巴地回答道："今天早上我说的话比我有时一整天说的话都要多，可是

[1] 伊阿宋：Jason，希腊神话中的忒萨利亚王子。叔父珀利阿斯篡夺王位后，令伊阿宋去科尔喀斯觅取金羊毛。伊阿宋得赫拉之助，与赫拉克勒斯、珀尔修斯等英雄，乘坐阿耳戈快艇，历经艰险取得金羊毛。

没有人听见。我当时站在那儿，想着安徒生就在我背后，因为他刚刚进来说了早安。于是我和他讲了一个很长的故事，关于我和拜伦的故事。我以为他会开口回应一声，于是转过身来，没想到我是独自站在那儿，大声对着光光的墙壁说了一个小时的话。”

大家都请求他为我们再讲一遍整个故事，不过现在我们听到的就很简短了。

“哦，那是在罗马，”他说，“我正准备创作拜伦的雕像，他坐在我的正对面，开始迅速地变换表情，和他往常的面孔完全两样。‘请您坐着不要动好吗？’我说道，‘您别一直做鬼脸啊。’‘我的表情就是这样的。’拜伦说。‘是吗？’我说，于是我按照自己的想法做了他的雕像，当它完成时，每个人看了都觉得很传神。然而当拜伦自己看到它时，却说，‘这一点也不像我啊，我看起来可忧郁多了。’”

“对他来说，最要紧的不是别的，是他迫切希望自己看起来极端忧郁。”多瓦尔生带着滑稽的表情加上这一句。

这位伟大的雕刻家很享受晚餐过后半闭着眼听听音乐，而让他最开心的是晚上开始的乐透纸牌游戏，住在尼索的所有人都被迫学会玩这种牌了。他们不赌钱，而是以玻璃片代表输赢，这游戏让我看到了这位伟人性格中特别的一面——他玩牌时兴致极浓，一心想要得胜。对于他认为受到不公评判的一方，他会以极大的热情表示支持。他反对不公平和挖苦嘲讽，甚至还会针对房东夫人，而这位夫人是众人中最孩子气地依恋他的人了，她一心想要让这位艺术家处处满意。在他的陪伴下我写了不少童话故事，例如《睡神奥勒》，他听到这个故事时很开心，也很感兴趣。我们一群人常常在黄昏时分围坐在花园中，多瓦尔生会轻轻地走到我身后，拍拍我的肩膀，然后问道：“今晚可以为我们这些小朋友讲个故事吗？”

对于我写的小说，他以特有而自然的方式给予我最慷慨的表扬，肯定它们表达的真理；他喜欢一遍又一遍地听着同样的故事。他常常在创作那些最耀眼的作品时，面带笑容地站在那儿，听着《陀螺与皮球》和《丑小鸭》的故事。我有着一点天分，那就是用母语即兴创作一些短小的诗歌。为此多瓦尔生被逗得很开心。当他在尼索用黏土制作赫尔拜的头像模型时，交代给我一个任务，让我为他的作品作一首诗，于是他收到了下面的即兴创作：

“赫尔拜已不在人世。”死神这样说，
“我会碾碎这聚合了他灵魂的黏土。”
“而从这无形的黏土中，从这冰冷、死亡的元素里，”
多瓦尔生喊道，“赫尔拜将在此重生。”

有天早晨，正当他用黏土做好了一幅壮观的浅浮雕模型《各各他朝圣》[1]时，我走进他的工作室。

“告诉我，”他说，“你觉得我给彼拉多[2]穿的衣服合适吗？”

“你可什么也别讲，”总在他身边待着的男爵夫人说，“这是对的，这是优秀的，去你的吧！”

多瓦尔生重复了他的问题。

“嗯，好吧，”我说，“既然你问我，我就得承认在我看来彼拉多现在的装扮更像个埃及人，而不是罗马人。”

“我看也是这样。”多瓦尔生说，用手抓住那块黏土，毁掉了那个人像。

“现在你内疚了吧，让他毁灭了一件不朽的作品。”热心的男爵夫人惊呼道。

[1] 各各他，又称各各他山，是一个罗马治以色列的时期比较偏远的山，据《圣经·新约全书》中的四福音书记载，神的儿子耶稣基督就曾被钉在十字架上，而这十字架就是在这各各他山上。
[2] 彼拉多：Pilate，在《圣经》里，彼拉多是杀害耶稣的罗马总督。

“那么我们就能创造一件新的不朽作品啦。”他高兴地说，重新做了彼拉多的形象，这个形象保留在了哥本哈根圣母院的浅浮雕中。

他最后一个生日就是在那里的乡下度过的。我写了一首欢快的小曲，纸上的墨迹几乎还未干透，我们就唱起了这首歌，那是在清晨，我们唱着歌来到他门前，带着一筐叮当响的铁片、锣、瓶子来伴奏。多瓦尔生本人则穿着晨衣和拖鞋打开了门，绕着自己的房间跳起舞来。他摇晃着他的拉斐尔便帽，加入了我们的合唱。这个健壮的老人还充满着活力与欢乐。

在他生命的最后一天，我坐在他身边一起用了晚餐，他的心情出奇地好，他重复着刚刚在哥本哈根的著名报纸《海盗》上读到的几句俏皮话，还提到他准备今年夏天去趟意大利。后来我们就分开了，他去了剧院，我回到家。

第二天早晨我住处的旅馆侍者告诉我：“这真是件奇事——多瓦尔生昨天去世了。”

“多瓦尔生！”我失声喊道，“他没有死，我昨天和他一起吃饭的。”

“人们说他昨天晚上在剧院去世了，”侍者回答。我想着他或许只是病倒了，可是仍然感到一种奇怪的焦虑，并急忙赶到了他家中。他的遗体仰面躺在床上，屋里全是陌生人，地板被融化的雪打湿了，空气令人窒息，没有人说一个字，斯坦佩男爵夫人坐在床边痛哭。我站在那儿颤抖着，心如刀绞。

我为他写了一首告别的赞美诗，哈特曼作了曲，丹麦的学生们在他的棺椁旁唱起了这支歌。

第七章 旅途中的相遇

在1842年的夏天，我为剧院写了一部小剧本，叫作《梨树上的鸟儿》，戏中很多场景都是在梨树上发生的。我将它称作一部喜剧小品，这样就没有人会期待这是部伟大的作品了，或是有着复杂深刻的意义。这部小剧本在上演了几次之后，获得了很多掌声，以致剧院的经理们都接受了它。而且，连最受公众欢迎的海贝格夫人都希望能在其中扮演角色。人们从中得到了乐趣，认为戏中的配乐也十分出色。我知道这部戏的演出算是成功了——可是随后突然来了嘘声。人们听到几位年轻人发出了嘘声，并打听到了让他们喝倒彩的原因，那就是这部小剧本的运气太好了，这会让安徒生得意忘形的。

这天晚上我本人并不在剧院，也根本不知道发生了什么。第二天我去了一位朋友家，因为头痛，我的脸色看起来十分苍白。女主人满怀同情地见了我，握住我的手说，“这事就这么值得你放在心上吗？只有两个人喝了倒彩，在场的其他人都站在你这边呢。”

“喝倒彩！站在我这边！我被嘘了吗？”我喊道。

这事说来好笑。有人对我保证这点嘘声丝毫不影响我的成功。每个人都附和起来，说："只有那么一个人喝了倒彩。"

后来，另外一个人来了，我便问了有几个人喝了倒彩。"两个"他说。后面的人又称是"三个人"，并肯定地表示没有更多了。现在我的一位最诚实的朋友来了，我请他凭良心说话，到底听到了几个人喝倒彩。他将双手放在胸口，说道"最多也就五个人。"

"不，"我说，"现在我谁也不问了，这数字像法斯塔夫[1]的话一样越来越多。这里面还有人坚信只有一个人喝了倒彩呢。"

惊讶之余，他还想试着挽回局面，回答道，"是的，那也是有可能的，不过那必然是一声非常响亮、有力的嘘声。"

基于我最近几部作品的收入，以及合理的理财方式，我现在攒下了一小笔钱，让我可以完成去巴黎的旅行计划。我从杜塞尔多夫出发，经过比利时，在1843年的冬天到达了巴黎。

玛米耶[2]早已在*Revue de Paris*[3]上发表了关于我的一篇文章*Vie d' un poète*[4]。他还将我的一些诗歌译成了法文，并为我写了一首赞美诗，也刊登在之前提到的杂志上。因此我的名字已经传入了文学界的一些人士耳中，在这里我很意外地受到了友好的欢迎。

应维克多·雨果的邀请，我看到了他饱受非议的悲剧《城镇统治者》。安塞洛特[5]先生和他的夫人也请我去了他们家，在那里我见到了西班牙作家马丁尼·德·拉·罗沙和当时的一些名流。在我看来，拉马丁[6]以他的内涵和个人外形脱颖而出，是众人中的王子。当我为自己蹩脚的法语道歉时，他回答说，那是他的错，因为他不懂北欧的语

[1] 法斯塔夫：Falstaff，莎士比亚历史剧《亨利四世》中的人物，他是王子放浪形骸的酒友，既吹牛撒谎又幽默乐观，既无道德荣誉观念又无坏心，是一个成功的喜剧形象。
[2] 玛米耶：Xavier Marmier（1808—1892），法国作家。
[3] 一份法国文学杂志，成立于1829年，1970年停刊。
[4] 法语，一个诗人的生活。
[5] 安塞洛特：Jacques-François Ancelot（1794—1854），法国剧作家和文学家。
[6] 拉马丁：Alphonse de Lamartine（1790—1869），法国著名浪漫主义诗人、作家和政治家。

言。而近年来他才发现北欧有着新鲜而充满活力的文学，那儿又蕴藏着如此独特的诗歌积淀，让人一弯腰就能找到一支古老的金色号角。他问到特罗尔海特运河，并表达了要去丹麦和斯德哥尔摩旅行的愿望。他还记起了我们现在的君主，当陛下曾是王子时，他有幸在斯塔比亚海堡向他致敬。除此之外，他还了解了很多丹麦的人名和地名，对于一个法国人来说，真是了不起的知识。在我离开之际他为我作了一首小诗，这成为了我最珍贵的收藏之一。

我和快乐的大仲马见面时，他通常是在床上，即使过了午后也是如此：他躺在那儿，身边摆着纸、笔和墨水，在写他最新的剧本。有一天我就这样找到了他，他对我和气地点点头，然后说，“请坐一会儿吧，我的缪斯刚刚来拜访，她马上就会离开。”他继续写着，大声地自言自语，随后喊了一声“万岁！”便从床上跳下来，“第三幕完成啦！”

有天晚上他领着我参观了不同的剧院，让我感受幕布背后的生活。我们互挽着手臂，欢乐的在林荫大道上漫步。

我还得感谢他让我认识了蕾切尔。当大仲马问我是否想见一见这位女演员时，我还没有看过她的表演。有天晚上当她准备出演菲德拉[1]时，大仲马领我来到了法国大剧院。演出刚刚开始，在幕布的后面，一块卷起的帘子围成了一个房间，里面有张桌子，摆放着些零食，还有几个脚凳，上面坐着位年轻的姑娘。正如一位作家所说，这个女子懂得如何将拉辛和高乃依笔下的大理石雕像演绎成有血有肉的人儿。她身材修长，看起来还很年轻。她在那儿看着我，尤其是后来到她家中，在我眼中那是一个哀伤的形象。她像是位刚刚抹去悲伤的年轻女孩，现在正静静地收敛着情绪。她以一种低沉而有力的声音和我们亲切交谈起来。当她与大仲马开始谈话时，便忘记了我。我站在那儿很是多余。大仲马发觉了这一点，对我一通鼓励，于是我才鼓起勇气加

[1] 菲德拉：Phedra，是克里特国王米诺斯的女儿，阿里阿德涅的妹妹。

入他们的谈话，尽管面对的这两位可能说着全法国最动听法语的人，我感到压力很大。我说，其实我看过了很多壮丽和有趣的事物，然而我从未见过这样的一位蕾切尔小姐，而她正是我花费了自己最近一部作品的收入，专程来到巴黎的原因。最后，我为自己的法语感到抱歉，而她微笑着说，“当您对一个法国女人说了我刚刚听到的如此礼貌的话语时，她永远都会认为您说的是最好的法语。”

当我说到她的盛名远播北欧时，她声称自己也很想去彼得斯堡和哥本哈根。“当我去您的城市时，”她说，“您得做我的护花使者，因为在那里我只认识你一人。为了让我们更熟悉，也因为您说过我是您来到巴黎的特别理由，我们就更应该经常见面了，欢迎您来拜访我。每个星期四我会在家中和朋友们相聚。不过现在该我上场了。”她说，并向我伸出手来，她亲切地点点头，便走向离我们只有几步远的舞台。她看起来更高挑了，和刚才完全两样，带着她特有的悲剧表情。观众的欢呼声漫过了我们所坐的地方。

作为一个北欧人我并不习惯法国人表演悲剧的模式。蕾切尔也是以这种方式表演的，可是她的表现浑然天成，仿佛其他所有的人都在极力模仿她。她本人就是法国的悲剧缪斯，其他人仅仅是可怜的凡人。当蕾切尔表演时，人们会想象所有的悲剧都应该像她这样来演。她自然而真诚的演出方式对于我们已习惯的北方风格是另外一种启示。

她家中的每一处都是那样富贵而华丽，或许可以说太过考究了。最里间的屋子是蓝绿色调，摆放着带顶罩的灯和一些法国作家的小雕像。而在会客室中，地毯，窗帘，还有书架的主导色调是深红色。她本人则一袭黑衣，正如她在那副著名的英国铜刻版画中的形象。她的客人们都是绅士，大部分为艺术家和学者。还有一些人士拥有爵位。穿着讲究的仆人们报着客人的名字，人们喝着茶，侍者端着糕点来回走动，这个沙龙更带有德国情调，而不是法式风格。

维克多·雨果告诉我，他发现蕾切尔还懂德语。我问到她时，她用德语回答了我，“Ichkanneslesen; Ich bin ja in Lothringengeboren; Ichhabe deutsche Bücher, sehn Siehier!” [1]她又给我看了格里尔帕策[2]的《萨福》[3]，然后很快转用法语继续谈话。她表示自己很开心能扮演萨福的角色，随后又提到席勒的《玛丽亚·斯图尔特》，她也出演了那部戏的法文版。我看过她的演出，在最后一幕里她的泰然自若和悲剧感尤其出彩，几乎可以跻身当时最好的德国女演员之列了。可是偏偏法国的观众最不喜欢的就是她在这里的表演。

“我的同胞们，”她说，“并不习惯这样的风格，而只有这种方式才能表现好这个角色。当一个人无比悲伤而几乎心碎时，当他将要与他的朋友们永别时，是不可能疯狂地胡言乱语的。”

她客厅里的大部分装饰品是书籍，这些包装精美的书被安置在漂亮的带玻璃门的书架上。墙上挂着一幅画，画中是伦敦一个剧场的内景，她站在舞台的前方，鲜花与花环正越过乐队洒向她。在这幅画的下方有一个小巧漂亮的书架，放着被我称为“诗人中的贵族”们的作品——歌德，席勒，莎士比亚，等等。

她问了我很多关于德国与丹麦，艺术和戏剧的问题，当我说着磕磕碰碰的法语，不时停下来搜寻词汇时，她那严肃的唇边便飘来一抹可亲的微笑，让我得到鼓励。

“话说回来，”她开口道，“您的法语的确是说得不怎么好。我听过很多外国人法语说得比您好，不过和他们谈话远不如和您聊天这样有趣。我完全能理解您表达的意思，这也是让我对您感兴趣的主要原因。”

我们最后一次告别时，她给我的本子上写下了这些话：“L'artc'est le vrai! J'espère que cetaphorisme ne semble pas paradoxal un

[1] 德语：我可以读懂德语的；我出生在洛林；我还有些德语书籍，您看看这些！
[2] 格里尔帕策：Franz Grillparzer（1791—1872），奥地利剧作家。
[3] 萨福：Sappho，古希腊著名的女诗人。

crivainsidistingucomme M. Andersen." [1]

阿尔弗雷·德·维尼[2]让我感受到了可亲可敬的品质。他娶了一位英国太太，这样的结合在他的家中是最好的选择了。我在巴黎的最后一晚，这位才华横溢又家世富有的人亲自前来，几乎在午夜时分到达了我在黎塞留街道的住所。他爬过了许多台阶，胳膊下夹着他要给我看的作品。他的眼中闪耀着那样的热忱，对我也似乎充满了善意，以至于我在与他分别时十分伤感。

我还结识了雕塑家大卫。他的举手投足和直爽的性格让我想到了多瓦尔生和毕森，尤其是后者。直到我在巴黎逗留的尾声我们才有机会见面。他为此感到遗憾，他说如果我能待得再久一点，他便可以为我塑一座半身像。

我对他说，"可是您并不了解我在诗歌上有何造诣，又怎么能知道我是否配得上一座半身像呢？"这时他真诚地看着我的脸，拍拍我的肩膀，回答道，"可是我在读您的作品之前先读过您这个人啦，您就是一位诗人。"

我是在波卡尔梅伯爵夫人家中见到巴尔扎克的，在那儿我还看到了一位年长的夫人，她的面容气质吸引了我的注意。她身上的气场如此活跃而热诚，让每个人都围在了她身边。伯爵夫人将我介绍给了她，我这才知道她就是雷波特夫人[3]，《路面》的作者，我在自己的剧本《黑白混血儿》中还借鉴了这个小故事。我对她说了这些，还描述了那部戏的演出，这让她十分高兴，而从这天晚上起她便成了我特别的守护者。有天晚上我们还一起出门交流心得，她为我纠正法语，让我重复那些她认为不对的单词。她是位聪慧而博学的女子，对世界有着清晰的洞察力，她给了我母亲般的关爱。

[1] 法语，艺术是真实的！我希望对于安徒生先生这样一位著名作家来说，这不是一句悖论。
[2] 阿尔弗雷·德·维尼：Alfred de Vigny（1797—1863），法国浪漫派诗人、小说家、戏剧家。
[3] 雷波特夫人：Madame Reybaud（1802—1870），法国小说家。

我还再次见到了海涅。我上一次来到这儿时他就已经结婚了。这次他的身体状况一般，但精力充沛。他对我的态度那么友好和自然，让我再也不像之前见他一样感到胆怯了。有一天他与妻子谈论《坚定的锡兵》这篇童话，提到我就是这故事的作者，并将我介绍给她认识，她是位活泼而美丽的年轻女士。一群孩子在他们家中玩耍，海涅说他们都是一位邻居的孩子。我俩与孩子们逗乐，而海涅开始为我抄写他最新的诗歌。

从他的笑容里我看不到一丝不快和嘲讽。我只听见一颗德国人的心在强劲地跳动着，在他的诗行里我们总能感受到这颗心的跳动，它必然长存。

在巴黎我结识了许多人，他们其中还有卡尔克布雷纳[1]，加蒂，等等。与他们的交往让我的巴黎之行快乐并充实。在这里我没有觉得自己是个陌生人：我得到了最杰出人士的友好接待。看起来他们对我的才华掷下了赌注，以期待我以未来的成就证明他们的眼光。

当我在巴黎时，还收到了来自德国的一封充满欢乐和友谊的信。那时我的好几部作品已经在德国翻译出版，一个高贵而可敬的德国家庭读到了我的作品，他们很感兴趣，特别是《不过是个提琴手》前言中一篇自传性的小文，让他们深有感触，而当时我们并不相识。于是他们写信给我，向我的作品致谢，表达了他们从中得到的快乐，并亲切地邀请我在返回的途中去拜访他们一家。这封信中流露出十分礼貌而自然的情感，是我在巴黎收到的第一份邀请信，回想起1833年第一次来这里时我也收到了一封来自故乡的信件，二者形成了多么鲜明的对比。

这样一来，我发现自己通过写作而被一个家庭所接受，并很高兴地融入他们中间，我还清楚他们喜爱我不仅因为我诗人的身份，还因

[1] 卡尔克布雷纳：Friedrich Kalkbrenner（1875—1849），德国钢琴家，作曲家。

为我这个人。之后多少次在异乡，我都没有体会过这样的善意了！我在后面会特别写到一次独特的经历。

他们是萨克森一个富有而仁慈的家庭。女主人读了我的小说《不过是个提琴手》后感触良多，她发誓如果在她的生活中出现一个富有音乐天赋的穷苦孩子，她绝不会让他像小说中可怜的提琴手那样消失。有位音乐家听说了这话，不久就带来了两个，而不是一个穷苦的男孩，向她保证了他们的音乐才华，并提醒她曾许下的诺言。她信守了承诺：将这两个男孩接进家中，让他们接受教育，而现在他们已经是音乐学院的学生了。他们其中小的那一个在我面前演奏过，我看见他的脸上闪烁着幸福与快乐的光彩。也许就算我不写这本书，同样的事情也会发生，同样的一位高尚的女士也会帮助这些孩子。尽管如此，我的书现已成为这段佳话中密不可分的一环了。

离开巴黎后，我沿着莱茵河踏上返程，我听说得到普鲁士国王资助的诗人弗里雷格拉夫[1]就住在莱茵河畔的一个小镇里。我特别欣赏他诗歌语句中的画面感，很想有机会和他交谈。我在莱茵河边的很多镇子上停留，打听他的住处。在圣高尔，人们指给我看了他的房子。我来到他面前时他正坐在写字桌旁，看起来因为陌生人的打扰而感到恼火。我没有提自己的名字，只是说我经过圣高尔可不能不向诗人弗里雷格拉夫致敬啊。

“非常感谢您。”他说，口气很冷淡，然后他便问我是谁。

“我们俩有着一个共同的朋友，夏米索！”我回答道，听到这话他狂喜地跳起身来。

“那么你是安徒生！”他叫道。他伸出双臂搂住了我的脖子，他真诚的双眼里流露出欣喜。

“现在您得在这儿留一阵子了。”他说。我告诉他我只能停留几个

[1] 弗里雷格拉夫：Ferdinand Freiligrath（1810—1876），德国诗人、翻译家。

小时，因为和我同行的朋友们还在等着我。

“您在圣高尔这个小镇上可有着一大帮朋友呢。”他说，“不久前我刚刚在一大群人中间大声朗读了您的小说《奥·特》。无论如何，我一定要请其中的一位朋友到这里来，而您也一定要见见我的妻子。是的，您可能不知道我们的婚姻也与您有点关系呢！”

随后他讲述起我的小说《不过是个提琴手》怎样引发了他们二人的通信，直到相互熟悉，最后喜结连理。他叫来妻子，告诉她我的名字，我被当作了他们的老朋友。体验这样的时刻真是一种福气，这是上帝的恩赐，一种幸福——而有多少这样的幸福，多少不同的幸福，是我没有体验过的呀！

我乐于讲述这些欢乐的时刻，他们是我生活中的真实经历。我讲述着它们，就像我之前讲述那些悲惨、屈辱、压抑的往事一样。当我讲述时，那主导我灵魂的情绪并不能被称为骄傲或是虚荣——这两个词肯定都是不合适的。可是我家乡的人们或许会发问，难道安徒生在外国就从来没有被抨击过吗？我必须回答——没有！

我并没有收到过国外的抨击，至少我在家乡时没有这类抨击引起过我的注意，所以即使有也算不上什么。只有一次例外，那是在德国出现的批评，但也起源于丹麦，那时候我人在巴黎。

那时有一位博厄斯先生来到斯堪的纳维亚半岛旅行，并以此为主题写了一本书。在书中他对丹麦文学做了一番概述，并发表在一家叫作《边境邮报》的刊物上。其中他对我个人和作为诗人的表现做了十分严肃的评判。好几位丹麦诗人也受到了这样的待遇，比如克里斯蒂安·温特就有同样的理由来抱怨。博厄斯先生的信息都来源于日常生活中那些可憎的流言蜚语。他的书在哥本哈根引起了关注，而没有一个人愿意被当作是他的信息提供者，连诗人霍尔斯特[1]都在我们发行量

[1] 霍尔斯特：Hans Peter Holst（1811—1893），丹麦诗人。

最大的一份报纸上发表声明，说与这位博厄斯先生没有任何关系。而在这本书中，作者声称霍尔斯特与他同游了瑞典，自己还在哥本哈根的家中接待了他。

博厄斯先生在哥本哈根攀附了一个特别的小团体，由一群年轻人组成。他听说他们生性活跃，每天都在谈论丹麦诗人和他们的作品。然后他回到家，写下他所听说的东西，并将它们放在自己的作品中出版。客气地说，他这种行为是欠考虑的。他不喜欢我的《即兴诗人》和《不过是个提琴手》，这是个人品位的问题，对此我必须忍受。可是，当他在全德国人面前传播我的祖国人民对我一致的批评，这儿的人民很可能会认为他所说的是事实。当他对所有的德国人说我是个狂妄自大的人时，这对我造成的伤害可能比他所想象的要深。他将那个小团体曾经恶意中伤我的声音传达到了丹麦之外的国家。即使这种转述也不尽真实，但他竟将那些从未发生的情境当作事实写了下来。

他写的东西在丹麦并不能伤到我，很多人都不敢与那些印刷他作品的任何人有所接触。他的书在德国出版了，不过现在德国的公众也是我的读者。并且我相信，我在此有权宣布他对丹麦文学和丹麦诗人的观点是多么错误。丹麦的人们了解这本书是如何拼凑起来的，从他们对它的反响就可以看出来。不过当我表达了对这件事的态度后，我会很高兴向博厄斯先生伸出手，如果他下次再来丹麦，没有其他诗人接受他时，我会尽我所能帮助他。我知道当我们相互了解时，他不会像对我一无所知的时候那样偏激。如果他迟一年来到丹麦，他的评判也会是另外一个样子，在一年中事情会发生很大的变化。公众对我的态度转向了喜爱；我也出版了新的童话故事，这些作品从那时起到现在，在我的祖国受到了一致的高度评价。当我的故事集在1843年圣诞出版时，好的反响就开始了，人们开始承认我的优秀，丹麦对我表示出青睐，从那时候起我便没有什么可抱怨的了。我在我的故乡获得了自己应得的一切，也许比我应得的还要多。

现在说到我的这些小童话故事，在丹麦，人们毫不犹豫地将它们摆到了高于我其他一切作品的位置。

1835年，就在我出版《即兴诗人》后几个月，我的第一本《写给孩子们的童话》也面世了，当时并没有受到什么关注。有一家评论月刊甚至抱怨，一位刚刚写出《即兴诗人》这种作品的年轻作家，怎么会急匆匆地又出版童话故事这样幼稚的作品呢？我收获了一大堆批评，都是针对我被大众认可的才华现在竟朝了一个新的方向发展。有几位我一向很倚重的朋友也建议说，我应该完全放弃写童话，因为我在这方面毫无天分。其他人的意见是，首先我最好学习一下法国的童话。我其实是愿意停止童话写作的，只是这些故事源源不断地从我脑海中冒出来，不得不写。

在我的第一本童话集中，我借鉴了很多儿时听过的古老传说，像穆塞乌斯[1]那样以自己的方式重新创作。这本集子以一个我原创的故事收尾，看起来这篇是最受欢迎的，尽管它与霍夫曼的一个故事有着无伤大雅的类似。由于我对童话写作的热情日益增长，我也就跟随了自己的冲动，并创作了大部分故事。第二年我出了第二本集子，随后又有了第三本，其中最长的一篇《小美人鱼》，就是我自己的作品。这个故事以独特的方式催生了读者的兴趣，并随着后面的集子出版愈发引起重视。每个圣诞节我都会出一本童话集，不久之后每年的圣诞树上都少不了我贡献的果实了。

有一些戏剧演员们试着将我的这些小故事搬上舞台。这与那些令人听到发腻的诗歌朗诵完全不同。《坚定的锡兵》《猪倌》还有《陀螺与皮球》在皇家剧院和一些私人剧院上演时，反响都非常好。为了给读者一个合适的视角，就我讲述这些故事的方式，我将第一本书命名为《写给孩子们的童话》。我写故事时所使用的语言正是我和小朋友

[1] 穆塞乌斯：Johann Karl August Musäus（1735—1787），德国童话作家。

们说话的口气，后来我认识到不同年龄的人们都很喜欢这些故事。孩子们大多是因为演员的表演而开心，而年长的人们却对更加深刻的含义感兴趣。童话故事的读者包括了孩子和成人，而这对那些想要写童话的人来说无疑是件难事。在丹麦我的童话进入了每家每户和每一颗心。现在我将“写给孩子们”这几个字从书名中去除，又出版了三本《新童话故事》，所有的内容都是我的原创，也在国内得到了最热烈的欢迎。我已经想不到更好的反响了，结果是我真心感到焦虑，害怕自己今后无力担当这样的荣誉和赞扬。

一片崭新的阳光滋润了我的心田，我感受到了勇气和欢乐，并满心渴望着能在这条道路上开拓自己更多的潜力，针对这类写作学习更全面的知识，并更加细心地观察大自然的丰富宝藏，以从中汲取创作的力量。如果有人能注意到我这些故事的写作规律，那么他可以很清楚地看到一个进步的过程，包括越来越清晰的想法，对力量越来越谨慎的运用。以及，如果我可以这样说的话，读者可以感受到一种更加健康的语言表达和更加自然的创新手法。

在我生命中的这一段时期，我认识了一位在精神和文学上对我有重大意义的人。我已经提到过几位朋友和公众人物对我成为诗人带来的影响，可是没有一人能比那位小姐给我带来的改变更多，也没有人比她更加高贵。因为她，我才有能力忘却自我的世界，感受到艺术的神圣，并认识到上帝赐予天才的使命。

现在我要回到1840年。那时我住在哥本哈根的一间旅馆里，有天我在一批来自瑞典的陌生人名单中看见了珍妮·林德[1]这个名字。我知道她是当时斯德哥尔摩的首席歌唱家。就在那一年我去过这个邻国，也在那里收获了荣誉和善意。因此，我想如果去拜访一下这位年轻的艺术家，应该不会显得突兀。当时的她在瑞典以外还默默无闻，所以

[1] 珍妮·林德：Jenny Lind（1820—1887），出生在瑞典的女高音歌唱家，有“瑞典夜莺”之称。

我也确定即使是在哥本哈根，知道她的人也很少。她很礼貌地接待了我，但是保持着距离感，几乎可以说是冷漠。如她所说，她与父亲正在前往瑞典南部的路上，经过哥本哈根时会住上一阵子，以便让她看看这座城市。我们也冷淡而客气地分别了，她留给我一个极其普通的印象，并很快从我脑海中消失。

1843年秋天，珍妮·林德再次来到了哥本哈根。我的一位朋友，聪明的芭蕾舞大师布农维尔[1]的瑞典妻子恰好是珍妮·林德的朋友。他告诉我林德的到来，说她还记得我，并且已经读过了我的作品。他请求我与他一起去见她，并运用我能说会道的才华劝说她担任皇家剧院的几个角色。他说，我一定会为即将听到的歌声而着迷的。

如今我不再被当作一位陌生人来接待，她热情地伸手迎接我，还聊到了我的作品和弗莱德丽卡·布雷默小姐，后者是她亲密的好友。我们的谈话很快就转移到她在哥本哈根的亮相了，对此珍妮·林德表示她十分忐忑。

“我从来没有，”她说，“在瑞典之外的地方演出过。在我的祖国大家对我都太亲切、太宽容了，我要是在哥本哈根演出的话，没准儿会被嘘下台吧！我可不敢冒这个险！”

我告诉她，说句实话，由于我从没听过她唱歌，因此不能对她的歌唱水平妄加评价，当然我也不清楚她的演技如何。尽管如此，我可以确定的是在现今的哥本哈根，有着中等的声音和一定的表演技巧的人都可以成功。我相信她的尝试会很安全。

布农维尔的游说为哥本哈根的观众们争取到了有史以来最大的享受。

珍妮·林德在丹麦的处女秀是扮演《恶棍罗勃脱》中的爱丽丝——她仿佛给艺术领域带来了一阵清新的风，那青春鲜活的嗓音袭入了每

[1] 布农维尔：August Bournonville（1805—1879），丹麦芭蕾舞大师和舞蹈编排家。

个人的心房；真理和自然主导了现场；这里的一切都充满了意义和智慧。有一场音乐会上珍妮·林德唱了她家乡瑞典的歌曲，她的歌声中有着独特的魅力，叫人着迷。人们一心只想着那个音乐厅。那些流行的旋律出自一位如此纯洁，并被公认为天才的女性，一经唱出就引起了轰动——全哥本哈根都沉浸在狂喜中。珍妮·林德是丹麦学生们为之献出小夜曲的第一位歌手：小夜曲在一所宜人的别墅中举行，房子周围闪耀着火炬的光芒。珍妮为表达谢意又献唱了几首瑞典歌曲，随后我看到她匆忙跑进了黑暗的角落，激动地哭起来。

“是的，是的，”她说，“我会尽全力，我会加倍努力，当我再次来到哥本哈根时，我将要比现在更有资格配上这样的荣誉。”

在舞台上，她是位伟大的艺人，有着调动起全场情绪的力量；而在家中，在她自己的房间里，她就是个敏感的年轻姑娘，有着孩子一般的谦卑和虔诚。

她在哥本哈根的出现是我们戏剧史上一个划时代的事件；她向我展示了艺术的圣洁性——让我看到了一位圣洁的女神。后来她回了斯德哥尔摩，在那儿弗莱德丽卡·布雷默写信给我：“关于珍妮·林德的歌唱造诣，我们两人都有着完全一致的看法了，她可以与我们这个时代的任何艺术家相媲美，然而你还不能完全了解她的优秀。和她谈论艺术，你会惊叹于她开放的思维，看到她的面庞因为灵感而闪光；和她谈论上帝，以及宗教的神圣，你会看到她天真的双眼中流下泪水。她是位伟大的艺术家，而作为一个纯粹的人她更是伟大！”

第二年我来到柏林，我和梅尔贝亚[1]聊天时谈到了珍妮·林德。他曾听过她演唱瑞典歌曲，并被深深打动。

“那么她的表演如何呢？”他问道。

我兴奋不已地说起她的表演，同时还给他描绘了她扮演爱丽丝的

[1] 梅尔贝亚：Jakob Liebmann Beer（1791—1864），德国歌剧作曲家。

表现。他对我说那他也许可以邀请她来柏林。

众所周知她去了柏林，带给了每个人惊喜和欢乐，并在德国为自己赢得了欧洲的盛誉。去年秋天她再次来到哥本哈根，这儿的人们万分激动，荣誉的光环让所有人都窥见了她的天才。人们常常在剧院门口露营，只为买到一张票。他们现在有机会看到她多次风格迥异的表演，这使得她的艺术水准看起来达到了前所未有的高峰。她饰演的诺玛形象立体，每一个造型都可作为雕刻家最美的模特，而且人们感觉这些造型都出自那一刻的灵感，而不是精心观察设计好的。诺玛不再是一个胡言乱语的意大利人，她是位饱受折磨的伤心女子。她拥有一颗为不幸的对方而牺牲自己的心，她在一时冲动下想要杀死她背信弃义的爱人的孩子们，可当她看到那些无辜的眼神时却立即丢下了凶器。

“诺玛，你这位圣洁的女祭司。”这是合唱中的歌词，珍妮·林德以自己的理解，在咏叹调《圣洁女神》中将这位圣洁的女祭司展现给我们。她在哥本哈根的所有角色都是用瑞典语歌唱，而其他的歌手唱着丹麦语，于是这两种同源的语言优美地混合在一起，这种混合一点都不突兀。即使是在含有对话的《军团的女儿》中，瑞典语的出现也相当和谐——这是怎样优秀的表演啊！不，单是“表演”这个词就自我矛盾了——这应该是自然的演出。我们的舞台上从未出现过如此真实的情景。她让我们真真切切地看到了一个在军营中长大的自然之子，举手投足中又显露着天生的高贵。《军团的女儿》和《梦游者》毫无疑问是珍妮·林德最让人无法超越的角色，除了她没有第二个人可以达到这样的高度。人们大笑，人们哭泣，这种心灵震撼等同于他们去教堂的感受，他们为此变成了更好的人。人们感觉到上帝就在艺术中，而只要是上帝站在我们眼前，与我们面对面的地方，那儿就有一座神圣的教堂。

“在今后的一个世纪里，”门德尔松[1]和我谈论珍妮·林德时说道，“不会再出现另一个像她这样有才华的人了。”他的这些话正说出了我的心声。当她的身影出现在舞台上时，人们会感到她是纯洁的化身，她将朝我们吹来一阵圣洁的风。

珍妮·林德的表演天赋给人深刻的印象，唯一能够削弱这种印象的是舞台下她自身的个性。她聪慧而孩子气的性格令人称奇，她是个快乐的人。从某种程度上说，她不再属于外部的世界，她的思想集中于一个安宁、平静的家中。而她又以全部的灵魂热爱着艺术，并从中找到了她自己的位置。像她这样高贵而虔诚的性格是不会被众人的尊崇而宠坏的。我只有一次听到过她对自己的天赋表达出欢喜和自我意识。那是她最后一次在哥本哈根期间，她几乎每天晚上都在歌剧演出或是音乐会上，几乎每一个小时都排满了。她听说了一个社团的事迹，那是一个救助不幸儿童的组织，当一些不称职的父母强迫孩子们去乞讨或者偷窃时，这个组织就会将这些孩子解救出来，将他们安置到其他更好的环境中去。每年都有一些善良的人们捐助一小笔钱来支持这个组织，然而这项崇高事业得到的资助还是太少了。

“可我还有一个晚上没安排吧？”她说，“让我来为这些可怜的孩子们做一场演出吧，不过我们要收双倍的票价！”

于是她举行了这样一场慈善演出，并收到了丰厚的回报。当她得知这次演出的收益将支持一大群可怜的孩子数年内的生活时，她满脸放光，眼中噙满了泪水。

“这是件多么美妙的事情呀，”她说，“我能够唱得这样好！”

我像一位兄长一样珍视她，并为自己能认识和了解这样的一个灵魂而感到幸福。是上帝赐予了她自己想要的那种安宁、平静的幸福！

[1] Mendelssohn Bartholdy（1809—1847），德国作曲家，钢琴家，德国浪漫乐派最具代表性的人物之一。

通过珍妮·林德，我第一次感受到了艺术中存在的神圣，因为她我学到了一个人在上帝的面前必须要忘记自我。没有哪一本书，哪一个人像珍妮·林德那样给我的诗歌生涯带来更好的或是更尊贵的影响了，所以我在此用这样多的篇幅和这样温情的语言来讲述她。

随着生活阅历的积累，我开心地领悟到这一点，当我对艺术和生活的理解愈加清晰，我的灵魂也沐浴到了更多的阳光。从前那些黑暗的日子得到了多么全面的补偿啊！安宁与决断已经不可阻挡地进入了我的心灵。这样的安宁能让我轻松适应旅行中变化的生活。我感到自己可以四海为家，自由地结识他人，也得到别人回馈的信任和热诚。

1844年夏天我又一次去德国北部旅行。奥登堡一个可敬的知识分子家庭热情邀请我去他们家住上一段时间。封·兰曹-勃兰登堡伯爵也一再在他的信中说到他多么欢迎我去他家做客。我踏上了旅途，这次旅行不是我最长的一次，但却是最有趣的旅行之一。

我见到了夏季里丰饶的湿地，并和兰曹一起体验了几次有趣的短途旅行。布莱登堡坐落在施托尔河边的丛林中间，这条小河上活跃着前往汉堡的船只。这样的情景美妙如画卷，而在城堡中的生活也舒适惬意。我可以全身心地投入到阅读和创作诗歌中，因为在这里我就像天空中的鸟儿一样自由，这家人像对待亲人一样对我悉心照顾。唉，这是我最后一次来到此处了，兰曹伯爵在那时就预感到了自己将不久于人世。有一天我们在花园里相遇，他抓住我的手，温情地握着，说他很高兴看到我的才华享誉国外，并表达了他对我的深厚友情，最后他加上一句，“是的，我亲爱的年轻朋友，我确信这是上帝的旨意，今年是我们俩最后一次在此相聚，我的一生即将走到尽头。”他看着我，带着那样沉重的表情，深深触动了我的心，可我不知道说什么好。我们走到了小教堂附近，他打开厚厚的篱笆中间一个小门，进去便是一个小小的花园，园中有座覆盖着青草的坟墓，旁边是一把椅子。

“当你下一次来到布莱登堡时，你就会在这里找到我了。”这些忧伤的话成为了事实。第二年冬天他在威斯巴登逝世。他的离去让我失去了一个朋友，一位保护者，和一颗高贵而杰出的心。

当我第一次去德国时，我游览了哈茨和萨克森瑞士[1]，那时歌德还活着。见到他是我最大的愿望。从哈茨到魏玛并不远，可是我没有任何推荐信给他，而且那时我也没有一句作品被翻译到德国来。很多人都对我说歌德是位很高傲的人物，因此他会不会见我都是个问题。我踌躇了许久，决定到自己写出像样的作品，并在德国获取名望时再去魏玛。我成功了，可是呀，歌德已经去世了。

后来我认识了歌德的儿媳，她出生于博格维奇。我从君士坦丁堡回国时，在莱比锡的门德尔松·巴特霍尔迪家见到了她。这位活泼的夫人十分热情地接待了我。她告诉我她的儿子沃尔特已经和我神交已久，他还是个男孩的时候就用我的《即兴诗人》排了一幕完整的戏，这出戏还曾在歌德的家中演出过。甚至，沃尔特有一次还想去哥本哈根拜访我。至此我终于在魏玛有了朋友。

我怀着一种不同寻常的强烈渴望想要看看魏玛，这个歌德，席勒，维兰德[2]与赫尔德[3]曾经生活过的城市，这儿的强烈光芒朝全世界散发开去。我朝着这片土地前行，路德[4]和瓦尔特堡[5]的吟游诗人赋予了它圣洁的光环，还有许多高贵而伟大的事件使它成为了一处圣地。

6月24日是大公爵的生日，我作为一个陌生人来到了这个友好的城市。处处都昭示着一场节日庆典的进行，这位年轻的王子在人们的热烈欢迎中来到剧院，这儿即将上演一场新的歌剧。我并没有想到我在这里看到的最绚丽和美好的一切将会在我心中扎下根，我也想不到有

[1] 萨克森瑞士也称萨克森小瑞士，是德国东部的一个山区。
[2] 维兰德：Christoph Martin Wieland（1733—1813），德国诗人、作家。
[3] 赫尔德：Johann Gottfried Herder（1744—1803），德国哲学家、路德派神学家、诗人。
[4] 路德：Martin Luther（1483—1546），新教宗教改革的发起人。
[5] 瓦尔特堡是德国的一座中世纪城堡，1521至1522年间，马丁·路德在瓦尔特堡躲避教皇和皇帝的追捕。在城堡中，他将圣经新约全书从希腊文翻译成德文。

多少未来的朋友正坐在我的四周。这座城市将成为我多么亲近的一个地方——我在德国的第二个家。我受到了歌德的挚友，杰出的大臣穆勒先生的邀请，并得到了他最热情的接待。我刚来到这里就很巧地遇见了侍从官博利厄·德·马尔康奈，我在奥登堡认识的朋友，他现在到魏玛任职了。他邀请我搬去他们家。几分钟内我便成了他的固定客人，我感叹着“来到这里真好。”

有些人只需要一些日子的相处就能被了解和喜爱，博利厄后来成了我终生的挚友。他介绍我进入他们的社交圈，可敬的财政大臣同样亲切地接待了我。当我刚刚来这里时，我还觉得自己十分孤单，因为我唯一认识的封·歌德夫人和她的儿子沃尔特都在维也纳，而现在我的名字在魏玛已经为人熟知了，并且得到了所有圈子的友好接纳。

当时在位的公爵大人和公爵夫人十分友好、仁慈地接见了我，让我印象深刻。我被引荐之后，应邀赴宴，随后不久就收到了王位继承者大公爵和他妻子的邀请，让我去埃特尔斯堡的狩猎场，那里地势很高，邻近一片茂密的大森林。他们宅邸中的老式家具，以及从公园一直看到哈茨群山的宽广视野立刻就给人以奇特的印象。所有年轻的农民都聚集到城堡周围，为他们爱戴的年轻王储庆祝生日。一根根竖起的长杆上面飘动着手帕和彩条，小提琴拉了起来，人们在开花的大椴树下高兴地跳舞。这里的一切都弥漫着宁静的繁华、满足和幸福感。

这对新婚的王室夫妇还十分年轻，他们的结合看起来是发自彼此的真情。一个人要想在宫廷中保持长久的自由与快乐，那么他胸中的这颗心就必须有能力忘记胸前的勋章。而萨克森–魏玛的卡尔·亚历山大恰恰拥有着这样一颗最高贵和优秀的心。足够长的幸福时光让我建立起了这样的信念。在我初次逗留此地时，我就多次来到快乐的埃特尔斯堡。年轻的公爵大人带我去他的花园，指给我看一棵树，歌德、席勒还有维兰德都在那树干上刻下了他们的名字。哎，即使是丘比特本人都希望在后面加上自己的名字，请看他用闪电在一根枝干上劈出的痕迹。

大臣封·穆勒陪我去了王室的墓地，卡尔·奥古斯特与他美丽的妻子长眠于此。我曾经以为他的墓地在席勒和歌德中间，并写下这样的句子“那位王子站在太阳和飞流直下的瀑布中间，为他自己披上了彩虹的光辉。”这对王室夫妇理解并珍视伟大的天才，就在紧邻他们的旁边，安息着他们不朽的两位朋友。枯萎的月桂花环放在简单的棕色棺椁上，歌德与席勒这两个不朽的名字让它们显得宏伟壮丽。王子生前曾和诗人并肩行走，死后他们得以长眠在同一个墓穴中。这样一个地方让人难以忘却，在这里人们做着安静的祷告，只有上帝才能听得到。

我在魏玛待了不止八天，我觉得自己似乎以前曾住在这座城市里，就好像我现在要离开我挚爱的家乡。当我的马车驶出这座城市，爬上石桥，经过磨坊，当我最后一次回头看这座城市和城堡时，一股深深的忧愁攫住了我的心，仿佛我生命中特别美好的一部分结束了，我觉得离开魏玛之后的旅程无法再为我带来欢乐。从那以后，载着我信件的信鸽以及我的思想有多少次飞回了这里啊！我的诗歌生涯都沐浴着从魏玛射来的阳光。

离开魏玛后我来到莱比锡，等待我的是罗伯特·舒曼带来的一个真正的诗意夜晚。一年前，这位伟大的作曲家已带给我一份惊喜，他为我的四首诗歌谱了曲子。为他妻子克拉拉·舒曼伴奏的是弗雷格博士的夫人，她的歌声充满灵气，让数以千计的人着迷不已。而今晚唯一的观众便是作曲家和诗人。一顿喜庆的晚餐和活跃的思想交流让这个夜晚变得那么短暂。在布罗克豪斯先生家中我受到了老式的、热情的接待，由于此前的多次拜访，我在这里已经颇为习惯。在德国的各个城市里我的朋友圈日益增长，然而我们最高兴的还是回到第一次动心的地方。

我在德累斯顿找到了许多老友，感受到了真诚的情谊。我的半个老乡达尔是位才华横溢的挪威人，他知道如何在画布上让瀑布飞溅出水花，让桦树如同生长在挪威的山谷中一样茂盛。还有为我画肖像的沃格尔·封·沃格尔斯坦[1]，这幅画像被收录进了皇室的肖像集中。剧院的监督官封·路提沙尔先生每晚都在经理的包厢间为我留一个座位。德累斯顿一流社交圈里最高贵的夫人们中，尊敬的封·戴肯男爵夫人像母亲对待儿子一样对待我。后来我也以这样的角色被她的家庭以及她可敬的朋友们所接纳。

这世界是多么明亮和美丽啊！人类是多么友好啊！我越来越清晰地认识到，活着是件多么令人高兴的事情。

有一天博利厄的弟弟埃德蒙德，一位军队中的军官，从塔朗德回来了，他刚在那里度过了夏天。我陪伴他走过了许多地方，在山区怡人的风景中度过了一些快乐的时光，同时也得到了很多不同家庭的接待。

我与戴肯男爵夫人一起首次拜访了知名画家莱驰[2]，这位聪慧的画家已经发表了歌德和莎士比亚等人的前卫画像。他住在麦森附近一个低矮的葡萄园里，过着一种田园牧歌式的生活。每年他都在妻子生日的那天送出一份礼物：他新画的一幅画，通常总是最好的一幅。这些画年复一年地积累，已经成了一本价值不菲的画集，一旦他在妻子之前去世，她便可以将这些画出版。在那些辉煌的作品中间，有一幅特别的画吸引了我——《逃往埃及》。这正是夜晚，画中的每一个人都在睡梦中，玛丽、约瑟夫、花朵、灌木，甚至是驮着她的那头驴，所有人，除了小耶稣。他圆圆的脸上一双大眼看着周围，照亮着一切。我对他讲了我的一篇童话，为此我也得到了一副可爱的画——一位年轻而美丽的姑娘将自己藏在一个老女人的面具之后。这象征着永恒而青春的灵魂，带着如花般盛开的美丽，正从童话故事的古老面具后面惊鸿一瞥。莱驰的画富有思想深度，满载着美感以及一份温柔的气息。

[1] 沃格尔·封·沃格尔斯坦：Carl Christian Vogel von Vogelstein（1788—1868），德国画家。
[2] 莱驰：Moritz Retzsch（1779—1857），德国画家。

塞尔上校和他和蔼的妻子在马伦有一处华丽的住所，我在那里与他们共享了德国的乡村生活。没人能体会到比这两位热心肠的人更好客的招待了。这儿聚集了一群有趣的文化人，我和他们一起待了八天，并结识了旅行者科尔，还有聪明的女作家哈恩-哈恩伯爵夫人[1]，从她身上我看到了一位自信的女性。一个人要是受到了款待，必定会很高兴的在此处流连。我在这次德国的小游中收获了无法言喻的快乐，并越发确信我在那里不是一个陌生人。在我的作品里，人们所珍视的是对自然的真实感受。并且，无论外部的美景是多么卓越而值得赞誉，无论这世界上的智慧格言是多么有启发性，真情和自然才是唯一不会被时间所改变，并最能够让每个人理解的。

我回国时取道柏林，我已经很多年没有去过那儿了，因为那里我最亲爱的朋友——夏米索，已经不在人世。

“那只在大地上空高高地飞行，将头枕在诗人胸口的野天鹅。”已经飞向了一个更加圣洁的空间。我看到了他的孩子们，现在已经无父无母。当这些年轻人围着我时，我发现自己已经变老。我并不是从自己身上看到这点的。我上一次见到夏米索的儿子们，他们还光着脖颈在小花园里玩耍，而现在都戴着他们的头盔和佩剑来见我了：他们成了普鲁士军营中的军官。在那一刻我感到了岁月的车轮在滚滚向前，一切都在改变，而我们又失去了多少东西。

这并没有人们想象的那样沉重，
看着心爱的人儿魂归他乡；
上帝照看着他们的亲人，而在死亡中，
会有一座桥引领他们来到天堂。

[1] 哈恩-哈恩伯爵夫人：Ida Gräfin von Hahn-Hahn（1805—1880），德国作家。

我在萨维尼部长大人的家中受到了最热情的接待，并从那以后一直享有这样的优待。在那里我认识了聪慧、天赋异禀的贝蒂娜和她可爱的灵气十足的女儿。在和贝蒂娜交谈的一个小时里，她是主要的发言者，她的知识是那样渊博，说话又无比风趣，以致我在这样闪耀着智慧火花的雄辩口才面前几乎哑口无言。她的写作才能为世人所知，但是她拥有的另外一项才华就很少有人知道了，那就是她的绘画才能。在这里让我们惊奇的仍然是她的思想。我观察到，她以一件刚刚发生的事故为基础作了一幅画，当时一个年轻人因为过度饮酒而死去了。你可以看见他半裸着身体倒在酒窖中，身旁围着妖魔一般的葡萄酒桶。酒神巴克斯的信徒们手舞足蹈地朝他走去，抓住他们的祭品并摧毁了他！我知道有一次她将自己所有的画作拿给多瓦尔生看，这位大师对这些作品中包含的思想感到万分吃惊。

当我们身处在国外时，如果能找到一所这样的房子那该是多么开心的事：你一进门，就看见闪烁如节日灯火的眼神，这是一所让你一窥那宁静、欢乐的家庭生活的房子——魏斯教授家就是这样。我就更不必提及自己结识了多少新的朋友，并再次重温了多少旧的友情了！我见到了罗马来的科尼利厄斯，慕尼黑来的谢林，我几乎可以称他们为我的同胞了；挪威人斯蒂芬斯，我还有一次遇见了蒂克，我们上一次见面还是我第一次去德国。他的变化很大，不过他的眼睛还是那样温柔而聪慧，我们握手时还是和从前一样的感觉。我感受到了他对我的情谊和良好祝愿。我一定要去波茨坦拜访他，他在那里过着舒适自在的日子。晚餐时我又认识了他的雕塑家兄弟。

从蒂克口中我得知普鲁士的国王和王后对我的态度是多么亲切。他们读过了我的小说《不过是个提琴手》，并向蒂克询问了我的情况。那时两位陛下已经不在柏林了，在我到达的第二天晚上，他们离开了，当时发生了一场可怕的未遂谋杀。

我途经波兰的斯赛新，在一个暴风雨的日子回到了哥本哈根。我感到生机勃发，又一次见到了我亲爱的朋友们，数日后又启程去拜访住在弗能的莫尔特克伯爵，在那里度过了一段惬意的夏日时光。我还收到了一封来自兰曹-勃莱登堡伯爵大人的来信，他正同丹麦的国王和王后一起在弗尔岛的海水浴场。他写到他非常高兴地向我宣布，两位陛下对我发出了最亲切的邀请。著名的弗尔岛坐落在北海，距离什勒斯威格的海岸不远处，邻近有趣的哈利科斯岛屿，毕尔纳茨基在他的小说中描绘过这些异常迷人的小岛。于是，我将以完全出乎自己意料的方式，一览在丹麦都少见的奇特景观。

国王与王后的恩宠让我很开心，我也非常高兴能够再次和兰曹亲密相处。唉，可这是最后一次了！

从我——一个穷小子，独自一人怀着飘渺的希望来到哥本哈根，整整二十五年已经过去了。这二十五周年的纪念日恰好能以我和国王、王后的见面来庆祝。我忠诚地敬慕着他们，也是在那样的时刻学会了用我全部的灵魂来爱他们。我周围的一切事物，人和自然，都在我的灵魂中投下了不朽的倒影。我感到自己在某种程度上到达了一个节点，在此我可以更加清晰地回顾这过去的二十五年，回顾这些年来我所得到的所有好运和幸福。现实常常超越了最好的美梦。

我们从弗能出发，先到达的是弗伦斯堡，它坐落在广袤的海湾，覆盖着如画的森林和群山，随后飞快地映入眼帘的便是一片孤寂的荒原。我们在明亮的月色下进入这里。穿过荒原的旅程乏味而漫长，只看见云彩飞速地移动。我们在单调中继续前行，穿过深深的沙地，一只鸟儿呜咽着飞过荒原上的灌木林，它的叫声也是如此单调。不久我们来到了沼泽地。绵绵不绝的雨水将草地和麦田变成了汪洋的湖泊，沿着堤岸前进的我们仿佛行驶在泥沼上，马儿深深地陷进了泥地里。在很多地方，我们不得不请农人们抬起本来不重的马车，以免它掉到堤岸下的村舍中。每走一里路都要花上好几个小时。最后我们的眼前终于出现了北海和各个岛屿。整个海岸都是堤坝，数十里的路上铺满了打结的稻草，海浪撞上来便碎成水花。我们是在涨潮的时候到达的。我们顺风而行，不到一个小时就来到了弗尔岛。经过了一段艰难的旅程，这里在我眼中仿佛是个真正的童话之境。

这里最大的城市——威克，也就是浴场所在的地方，建造得完全像一个荷兰城镇。房子只有一层高，带着倾斜的屋顶和朝向街道的三角墙。许多异乡人来到此地，还有王室的光临，为这儿的主街道带来了别具一格的活跃气氛。几乎每所房子里都有一些著名的脸庞在朝外观望，丹麦的旗帜飘舞着，音乐声传入耳边。我很快就安顿好我的住所，每一天我都有幸应陛下的邀请赴宴，并在他们的圈子里度过晚上的时光，直到二位陛下离开这里。在很多个晚上我为国王和王后大声朗读我的小故事，他们两人都对我亲切而友好。在君王的王冠和紫色斗篷之外，一种高贵人性的显露真是弥足珍贵。很少有人在私人生活中能比当今丹麦的国王和王后更加和蔼可亲了。愿上帝祝福他们并赐予他们快乐，就如同他们让我的胸中充满幸福和阳光一样！

我们乘船游览着哈利克斯的一系列群岛，直到最大的岛屿，这些大洋中长满青草的遗迹见证了一个沉没的国度。狂暴的大海将这块大陆变成了群岛，又撕裂了这些岛屿，埋葬了百姓和村庄。年复一年，新的土地渐渐被剥离，再过半个世纪，那里除了海水就一无所有了。现在的哈利克斯只是一些覆盖着深色草皮的低矮小岛，岛上还有一些羊在吃草。当海水涨起来时，他们就被赶到了房顶上，海浪冲刷着这一小片土地，这儿离海岸还那么遥远。我们经过的奥兰岛上有一个小镇。一所所房子紧挨着彼此，仿佛他们在悲苦中必须抱作一团。这些房子都是从一块平台上建立起来的，都有着小小的窗户，好像是船上的舱房一样。在那小屋中，一年中有一半的时间，都只有妻子和女儿们孤单地坐在那里纺线。可是在屋里，人们总能找到一小摞藏书。我发现了丹麦语、德语，还有弗里斯兰语的图书。在这里人们的生活是阅读和劳作，而海水在房子周围升起，让这儿看上去像是大海中的一艘遇难的破船。有时候，在夜晚航行的船只看错了灯光，开到这里来，便不幸搁浅。

在1825年，一次狂暴的潮汐席卷了这里的居民和房屋。人们半裸着身子坐在屋顶，等了许多个日夜，直到潮水退去。无论是弗尔岛还是大陆都没法派去援助。教堂墓地被冲走了一半，毁灭性的海浪将棺材和尸体暴露在视野中：这真是一副骇人的景象。然而哈利克斯群岛的居民们对他们的小家却十分依恋。他们无法留在大陆上，总会因为思乡心切而回到那里。

我们在岛上只找到一个男人，他最近刚刚从病中恢复。其他男人们都出海远航了。接待我们的都是女孩和妇女们。他们在教堂前面竖立起一个凯旋门，门上装饰着他们从弗尔采来的鲜花。不过这门又小又矮，让人不得不绕过它走路。尽管如此，他们还是以它来代表人们的美好愿望。他们砍下了当地唯一的灌木——一丛玫瑰，将它们放在王后将要穿过的一处沼泽地，这让王后深为感动。这里的姑娘们很漂亮，她们的穿着带有一半的东方情调。居民们认为他们的祖先是希腊人，他们半遮着脸，戴着亚麻布的头巾和希腊式的帽子，将周围的头发都编成了小辫。

当我们返回时，皇家的轮船上已经准备了晚餐。随后，当我们在一片辉煌的日落中驶过这布满群岛的海域时，船上的甲板已经被改造成了一个舞厅。男女老少都跳起舞来，仆人们端着点心四处穿梭，水手们正站在桨叶壳上方测量水深，可以听到他们用低沉的嗓音报着海水的深度。又大又圆的月亮升起来，阿姆罗姆岛上的岩石渐渐出现，像极了被积雪覆盖的阿尔卑斯山脉。

后来我们踏上了这片荒无人烟的沙丘地带，国王要在那里打野兔。很多年以前一艘船在这里搁浅了，甲板上有两只兔子，它们让现在的阿姆罗姆岛上有了成千上万的后代。在退潮时分，阿姆罗姆岛和弗尔岛之间的海水完全退去了，人们可以从一个岛穿越到另一个岛上。不过这样的时间必须要仔细观察，并计算好准确路线，否则当潮汐涨起的时候，走在这里的人就难免会被卷入水中。只消几分钟的时间，原来干涸的地面上就能行驶一条大船了。我们看见长长的一排马车从弗尔驶向阿姆罗姆。他们走在白色的沙滩上，背后是蓝色的海平线，这使得他们看起来有原来的两倍那样大。周围的一切都像网一样延伸开去，这片海水仿佛正紧紧包裹住原本属于大海的白沙，免得他们很快就溢出来。这块海角让人想起维苏威火山的灰堆。因为在这里每走一步都会陷下去，那些细长的窄叶羊胡子草根本无法缠住松散的沙子。炎热的阳光炙烤着一座座白色的沙丘，走在这里仿佛进入了非洲的沙漠。

在沙丘之间的谷地中，一种特别的玫瑰和石南正开着花，其他地方就没有任何植物了。没有别的，只有潮湿的沙滩，海浪在上面留下了印记，大海在退潮时刻下了奇怪的象形文字。我登上最高的一处俯瞰着北海，这正是退潮的时候，海水退去了不止一里。一些船只像死鱼一样搁浅在沙滩上，等待着潮水回来。有几个水手爬下来，像小墨点一样在沙地上移动着。就在海平线波动的那片白色沙滩，升起一道长长的堤岸，水势高时它便隐藏起来了，那上面常常会出现失事的船只。我看到一个高高的木塔耸立在此处，塔里的木桶总是装满了淡水，还有一个装着面包和白兰地的篮子，这样那些不幸搁浅的人们就能在飞涨的海水间来到这避难处，维持一段时间，直到救援出现。

从这样的一幅景象中回到皇家的餐桌旁，回到迷人的宫廷音乐会，浴场里的小舞会，还有月光下的漫步，拥挤的贵客们，一个小林荫道，这些便带上了童话般的色彩——这真是鲜明的对比。

九月五号那天是我提到的二十五周年纪念日，我坐在皇家的餐桌旁，脑海中闪过我之前的整个人生。我不得不使出全部的力气阻止自己流出泪来。可以说，在某一些感激的时刻，我们有一种渴望去将上帝按在我们心头。在这一刻，我是多么深深地感到自己的虚无。一切，一切都来自于上帝。兰曹清楚这一天对我来说有着不寻常的意义。晚餐过后，国王和王后祝我快乐，他们是多么和蔼，这个词太贫乏了。他们是如此友善，如此富有同情心！国王祝福了我所经历和赢得的一切。他问到我首次进入文学界的情况，于是我讲述了一些有特点的事件给他听。

在谈话期间他还询问我每年是否有一定的收入，我报上了数字。

“那并不多啊。”国王说。

“可我需要的也不多，”我回答，“我的写作也可以赚取一些费用。”

国王陛下以最和蔼的态度进一步询问我的境况，并以这句话结束：“如果我能以任何方式，对你的文学创作提供帮助，那么就来找我。”

晚上，在音乐会期间，这个话题再次被提起，一些站在我身旁的人开始责备我没有好好抓住这次机会。

“国王陛下都把话说得这样明白了。”他们说，可我不能，我也不会这样做。“如果国王认为我有更多的需要，那他就会主动给予我这些了。”

而我并没有错。第二年，国王克里斯蒂安八世增加了我的年度津贴，这份收入加上我写作的所得，让我可以体面地生活，不用靠人资助了。我的国王发自真心地给予了我这份恩赐。克里斯蒂安国王是位开明且眼界清晰的君主，对科学的精通又拓展了他的思维。因此，他对我命运的深切同情就更加倍地让我感到欣喜和高尚。

9月5日是我的节日，在浴场的大厅里，连德国来的客人们都向我敬酒，祝我康健。

有些人会说，如此多的奉承和赞誉很容易会宠坏一个人，使他不思进取。可是他们不会宠坏他，相反地，他们让他变得更好。他们让他的思想更加纯洁，由此受到一种鞭策，希望能努力配上这所有的荣誉。在我和王后告别之时，她送给我一枚珍贵的戒指，以纪念我们在弗尔岛的日子；国王也再一次表示了他的善意和尊贵的情谊。愿上帝祝福并护佑这对高贵的夫妇!

这时候奥古斯汀堡的公爵夫人也带着她的两个女儿在弗尔岛。我每天都会和她们共度美好的时光，并一再收到邀请在回去时拜访奥古斯汀堡。为此我从弗尔来到了阿尔斯，这是波罗的海上最美丽的岛屿之一。整个小岛就像一个繁盛的花园，在繁茂的玉米和苜蓿田地四周，围绕着榛树和野玫瑰组成的篱笆。农民们的房前屋后都是大片的苹果园，树上果实累累。林地和小山交错分布。我们时而面朝大海，时而又看到河流一般狭窄的水道。奥古斯汀城堡十分宏伟，城堡下开满鲜花的花园一直延伸到蜿蜒的海岸上。我得到了主人家的热心接待，也见识了公爵阶层中最亲切温馨的家庭生活。我在这里住了十四天，正遇上公爵夫人的三天生日庆典。庆祝活动中还有赛跑，那时候整个镇子和城堡中都挤满了人。

快乐的家庭生活就像是一个美丽的夏日夜晚，让人心中满是平和之情，周围的一切也都环绕着独特的光辉。在奥古斯汀堡，我会全心全意地说出“来到这里真好！”

第八章 属于世界的童话王国

在1844年春天我写完了一部戏剧故事《幸运之花》。这部戏表达了这样一个主题：能给人带来幸福，不是艺术家的不朽名声，也不是闪闪发光的王冠；幸福所在的地方，人们懂得知足，懂得爱，并被爱着。这部戏完全是丹麦的故事，描述了一种田园诗一般阳光普照的生活，在这明媚的背景中，只以梦境反映了两幅黑暗的画面：那就是不幸的丹麦诗人埃瓦尔德[1]与布里王子，我们的英雄民谣中就唱过他们的悲情故事。我希望以我们这个时代的名义，展现那曾经经历黑暗与悲惨的中世纪，而很多诗人仅仅为我们描述过它阳光的一面。

担任监察官的海贝格教授宣布了他对我这部戏剧的抵制。在最近的几年里这个团体就一直对我怀着敌意，我认为这是针对我个人的恶意，而这一点比拒绝我的剧本更让我难过。与这位我尊敬的诗人处

[1] 埃瓦尔德：Johannes Ewald（1743—1781），丹麦剧作家和诗人，这位诗人的一生短暂而坎坷，与酗酒和病痛为伴。

在对立的位置让我痛心，我自认为是尽我所能在争取和他友好地相处了。但我必须再做进一步的努力。我写信给海贝格，坦率地表明了自己的想法，并衷心地恳求他对于拒绝我的剧本以及对我本人的恶意给出明确的理由。他即刻就来拜访了我，当他来时我不在家，于是第二天我去了他家，并得到了最友好的接待。这次拜访和我们的谈话非同寻常，可由此给出一个解释，并且我希望这会引导我们在将来更好地相互理解。

他向我清楚地解释了为什么拒绝我的剧本。从他的视角来看这个决定的确是无可厚非的，然而这不是我的视角，因此我们也无法达成一致。他明确表示了对我本人并没有怨恨，而且他也承认我的才华。我提到了他很多次对我的抨击，比如说在《智慧》杂志中，他就否定过我的原创才能。我想不管怎样，这一点有我的小说来作证明。“可是这些小说，”我说，“您都没有读过，是您自己告诉我的。”

“是的，这是事实，”他回答道，“我还没有读过您的小说，不过我会读的。”

“从那时起，”我继续说，“您在诗歌《丹麦》中嘲讽了我的《一个诗人的集市》，并说我狂热地喜爱美丽的达达尼尔海峡。可是，我在那本书中并没有写到达达尼尔海峡多么美，我认为美丽的是博斯普鲁斯海峡，您似乎并不了解这一点，也许您也没有看过《一个诗人的集市》？”

“是博斯普鲁斯海峡吗？”他说，带着他特有的微笑表情，“是啊，我几乎都忘记了，还有您看，人们也不记得这事了，那次事件主要是为了给您一点打击。”

这次坦白听起来是那么自然，太像他的风格了，于是我也不得不笑了起来。我看着他聪慧的双眼，想到他写下了多少美好的东西，我就无法生他的气了。我们的谈话更热烈，也更自由了，他对我说了很多善意的话。比如说，他非常看好我写的故事，并请我经常地去拜访他。我开始越来越了解他的诗人气质，我想他同样也会慢慢理解我的。我们有很多不同之处，可都为着同样的目标而奋斗。在我俩分别前他带我去了他的小天文台，这片天地是他的最爱。现在的他似乎为了诗歌而活，也为了哲学而活。在我看来尤其为了天文学而活。我几乎要叹着气唱出以下的句子：

现在您也顷刻成为人们瞻仰的一颗明星了！

我的戏剧故事最终被搬上了舞台，在那个季节做了七次演出。

当人们的年岁日益增长时，无论他们在这世界上怎样摸爬滚打，总有一处地方是他们真正的家，即使是流浪的候鸟也有着它们固定的去处，我的家就是我朋友科林的家。我几乎和他家中的孩子们一起长大，被当作这家的一个儿子，成为了他们家庭的一员。我从未遇到过比这里还温暖的家庭，并与他们产生了一种内心的联系。当这个关系链条中有一环断裂了，也就是说在生离死别的时刻，我才感到自己对这里的依恋有多么深，因此我也被看作是这家的一个孩子。

如果说我要描绘一个家中的女主人，一位为她的丈夫与孩子们牺牲了自我空间的女性，那么我一定要提到科林的妻子，她以一位母亲的感情对待我，并为我的喜怒哀乐而动情。在一生中的最后一些年里，她的听力急剧下降，除此之外，不幸的她几乎失去了视力。后来她的眼睛动了手术，手术非常成功，在那年冬天她就可以读信了，这使她十分感激并感到开心。她满怀希望盼着春天里的第一抹新绿，后来终于在自家的小花园中看到了这情景。

我在一个礼拜天的晚上向健康且开心的她告了别。夜里我突然惊醒，一位仆人给我送来一封信。科林写道："我的妻子病重了，孩子们现在都在这里！"我明白了，立刻赶到家中。她静静地睡在那里，没有痛苦。这是种安然的睡眠，死亡如此温柔而平静地靠近。到了第三天她仍处在那样安静的睡眠中，随后她的面色变得灰白——她死去了！

你闭上了双眼，
以聚集你所有灵魂的福祉。
我看见你像孩子一样入睡，
哦死亡！你不再阴暗而是一片明亮！

我从未想象过离开这世界可以这样毫无痛苦，这样幸运。我的灵魂中升起一股虔诚之情，在这一刻，对上帝永恒的信念将我的人生带进一个新的时代。这是我自孩提时代以来，第一次目睹死亡。孩子们，所有的孩子们都站在一起。在这样的时刻我们身边一切都那么神圣。她的灵魂就是爱，她走向了爱和上帝！

七月底是国王弗莱德里克六世的纪念碑揭幕的日子，揭幕仪式在日德兰半岛中部的斯坎德堡举行。我应邀负责撰写庆祝活动的大合唱歌词，哈特曼担任谱曲，这首歌将由丹麦学生演唱。我被邀请去参加庆祝活动，因此那里也成为了我夏天的远足目的地。

斯坎德堡坐落在丹麦最美丽的地区之一。这儿群山耸立，山上覆盖着大片的山毛榉林，一个形状可爱的大内湖铺展其间。在城市的外面，有一个在废旧城堡上建立的教堂，如今的纪念碑就紧挨着教堂，这是多瓦尔生的作品。对我来说这次庆典中最美丽的时刻是在夜晚，揭幕仪式结束之后。纪念碑周围都是点燃的火炬，摇曳的火焰倒映在湖水中，树林里闪耀着数以千计的灯光，帐篷间回响着欢快的舞曲。在山顶四周，在树林之间，还有高地上，营火在同一时刻点起，像红色的星星燃烧在夜空中。在这美丽的夏日夜晚，一股北方特有的，纯洁的夏日芳香弥漫在湖泊和大地上。人们经过纪念碑和教堂之间时，巨大的影子滑过红色的外墙，仿佛是些参加庆典的精灵。

我回到了家。在这一年我的小说《即兴诗人》被翻译成了英文，译者是位著名的女作家玛丽·豪威特，她的国人对这部作品十分欣赏。紧接着《奥·特》和《不过是个提琴手》似乎也得到了同样的反响。随后《即兴诗人》又出了荷兰语和最近的俄语翻译版。之前从不敢有非分之想的事情都实现了。似乎有一颗幸运之星照耀着我的作品，让它们飞遍了世界各地。看到自己的思想在那么多人中间如此广泛地传播，是件鼓舞人心，同时又有些可怕的事情。我们幸运地展示了高贵和优秀的一面，可是不好的部分，人性中的错误也同样会萌芽，这样的思想会在不自觉间让我们受制。上帝啊！请不要让我写下任何一个自己无法给出解释的单词吧！每一次我的小说被带到国外的读者面前时，我的心中都充满了一种奇特的感受，一种快乐混合着焦虑的感受。

旅行对大脑的作用就像是一次清爽的沐浴，就像是美狄亚的法术一样能够恢复青春。我再次感到了旅行的冲动——并不是为了去搜寻素材，有位评论家在谈及我的《一个诗人的市集》时就曾这样想象并说过：其实在我的内心深处自有一个素材的宝库，而我这一生的时间远远不够将这些青涩的素材都加工成熟。不过我需要有充足的精力才能将它们以成熟和活泼的形式展现在纸上，就像我之前所说的，旅行对我来说就是这样一次清爽的沐浴，让我可以以更加年轻和强健的状态回来。

节俭的生活和写作带来的收入让我在过去的一年可以负担起好几次的旅行。我在文字中所表达的内容，对我而言像阳光一般美好。我得到了尊重，也许是过分的尊重了，还有特别的善意。一句话，就是源源不断的幸福和快乐向我涌来。

我希望能第三次去意大利旅行，在那儿度过夏天，那样我也许能习惯南方的温暖季节，还可能在返回时路过西班牙和法国。在1845年的10月底，我离开了哥本哈根。以前每当我启程开始一段旅程时，都会冒出这样的想法：上帝啊！你会让我在这次旅行中遇到什么样的事情呢！这一次我想到的是：上帝啊！在这样长的一段时间里，我家中的朋友们将会发生什么事情呢！我感觉到一种真切的焦虑。一年中灵车会多少次驶出城门，而谁的名字又会赫然出现在棺材上啊！有句谚语说，“当你突然感到一阵冷战时，这是死亡正经过我的坟墓。”而带着这些想法经过我最好的朋友们的坟墓时，这阵战栗会更加寒冷。

我在格罗拉普的莫尔特克伯爵家中住了一些日子。在最近的省城里，巡回演出的演员正在表演我的一些戏剧作品。我没有去观看，我深深沉迷于乡村生活。深秋季节有一种诗意的美感，当树上的叶子已经飘落，而阳光仍然照耀在青草地上、鸟儿叽喳叫着时，人们常常会想象着这是一个春日。年老的人在自己生命中的秋天当然也有这样的时刻，此时他正做着春天的梦。

路过奥登赛，我只逗留了一天。在这儿我感到自己比在德国的大城市里更像个陌生人。小时候我就是个孤单的孩子，也没有年轻的朋友，我所认识的家庭大都已经不在人世。街头行走着新的一代人，甚至连街道都变了样。我父母那可怜的墓地已经被后来的新坟所遮盖，一切都变了。我沿着孩提时代的路线漫步到玛丽亚高地上，这里曾经属于伊韦尔森家族，可是这个家族已经散佚了，陌生的面孔透过窗户朝外张望着。这里已经更新了多少年轻的思想啊！

那年夏天，当我作为斯拉格斯的学生来到这里时，有位年轻的女孩静静地坐在那儿，眨着闪亮的眼睛听我读自己第一次写的诗歌。今天的她更加安静地坐在喧闹的哥本哈根，已经向世界交出了她的处女作。她的德国出版商认为有必要请我为她的作品写一些推荐语。于是我，一个曾经得到那样亲切接待的陌生人，将这位聪明女孩的作品介绍到了德国。

我所说的是亨丽特·汉克[1]，《安娜姑姑》和《一个作家的女儿》

[1] 亨丽特·汉克：Henriette Hanck（1807—1846），丹麦诗人。

的作者（当我写下这些内容时，我刚从家乡接到她去世的消息，这是1846年7月。她是位孝敬父母的女儿，除此之外，她的思想拥有着浓浓的诗意。她的去世让我失去了少年时代的一位挚友，在我得意和失意的日子里，她一直和我情谊深厚，像姐妹一般关心着我。）当我在第一个小圈子中得到敬意和快乐时，我曾拜访过她出生的地方。可那儿现已是个完全陌生的地方，我自己也是个陌生人。

奥古斯汀堡的公爵一家现在住在格拉文施泰因城堡。他们得知了我的到来，于是我上一次在奥古斯丁堡体验到的所有好感和善意，在这里以更加丰富的内容重新出现了。我在此地停留了十四天，仿佛看到了我去德国时即将遇到的所有快乐的预告。这里的乡村景象最富有诗情画意：永远种类繁多的大片树林，耕种的高地，还有蜿蜒的海岸和许多宁静的内陆湖。即便是秋天飘动的雾气也给这风景更添一丝画意，这是岛上的居民很少见到的。这里所有的东西都要比岛上大一号。外面景色美丽，屋内富丽堂皇。我在这里写了一个新的小故事《卖火柴的小女孩》，这也是我这次旅行中唯一写下的作品。公爵一家邀请我将来多去拜访格拉文施泰因和奥古斯丁堡，随后，我怀着一份感激之情，离开了这个让我度过如此美妙和快乐时光的地方。

现在，旅人们不必再像蜗牛一样从深深的沙地慢慢走到荒野，铁路可以在几个小时内将他从阿尔托那带到汉堡。在过去的一年内，我在这里有了更多的朋友。我大部分的时间都和老朋友们一起度过，如豪伊克伯爵，住在这里的比勒公使大人，还有蔡泽，我童话故事的杰出译者。才华横溢的奥托·斯派克特为我的童话故事画了大胆而精彩的配图，让我很惊喜。他画了一整套图，而我知道的只有六幅。他的每一幅作品中都展现出同样的自然活力，从而成为一件件艺术品。他似乎有着一个父权制的家庭，一位深爱他的老父亲，还有几位聪敏的姐妹，她们都全身心地爱着他。有天晚上我准备去剧院，离歌剧开始还有几乎不到一刻钟的时间了，斯派克特陪着我，路上我们来到一所雅致的房子前。

“我们必须先进去一下，亲爱的朋友！”他说，“这里住着一户富有的人家，是我的朋友，也是你童话故事的忠实读者，孩子们看到你会很开心的。”

“可是那歌剧呢？”我说。

“就两分钟！”他回答道，便将我拉进了屋子，报上我的大名，一群孩子立刻聚集到我身边。

“现在给我们讲一个故事吧，”他说，“就一个。”

我讲了一个故事，然后匆匆忙忙赶去了剧院。

“这真是次不同寻常的拜访。”我说。

“一次很棒的拜访，完全不平凡的一次，完全不平凡的一次！”他得意地说，“想想看，孩子们满脑子都是安徒生和他的童话，而突然之间他就出现在他们面前，亲自为他们讲了一个故事，然后他就走了！消失了！在孩子们眼里这本身就像是一个童话，会成为他们一份生动的记忆！”

我自己也被逗乐了。

在奥尔登堡，一间属于我的、像家一般舒适的房间已经准备好了，豪弗拉斯·封·埃森戴克和他博学多才的妻子正等待着我。在我所有的外国朋友中，我可以说这位夫人是我最喜爱的。我答应过在他们家中住上两个星期，可是我待得更久。当一个城市里最优秀和最有才学的人士都在某所房子里聚会，那么这儿一定是个令人愉快的居住地，而在这里我便拥有了这样的居所。这座小城里有着相当丰富的社交活动，以及德国最优秀的剧院，不时上演着歌剧或者芭蕾。剧院经理加尔的能力广为人知，而诗人莫森的参与也无疑起到了很大的推进作用。我不得不感谢他让我观看了德国最经典的一部戏剧《智者南森》，主角由凯泽先生扮演，他的悲剧表演富有深度，读白也同样出色。

莫森和亚历山大·大仲马有几分相像，他有着一半的非洲面容，一双闪亮的棕色眼睛，尽管深受病痛折磨，却充满了生命力和灵气，我们也迅速了解了对方。他的小儿子让我感动：当我朗读我的一篇童话时，他极其投入地倾听着。而当我在那里的最后一天，向他们告别时，他母亲让他一定要和我握手，并补充道他下一次见到我可能就是很久以后了，男孩伤心地哭了出来。晚上当莫森来剧院时，他对我说，“我的小艾瑞克有两个锡兵，他让我将其中一个带给你，这样你就能带着他和你一起旅行了。”

这个锡兵忠诚地陪伴着我，他是个土耳其人：也许有一天他会讲述起自己的旅行。

莫森在《奥地利的约翰》的献词中为我写下了下面的句子：

从前有一只小鸟飞来，
它来自北海阴郁的海岸；
它歌唱着，飞到我的上空，
将童话唱遍了这片国土。
再会了！请再一次为这里带来
你温暖的心和歌声。

在这儿我又见到了梅尔，是他将那不勒斯和那不勒斯人描述得万分迷人。他对我的那些童话故事特别感兴趣，并为他们的德文版写了一些批注。乐队指挥波特，还有我的同胞杰恩多夫都属于我早期的朋友。每天我都能认识新的人，因为通过我居住的这一家，所有的家庭现在都为我敞开了大门。在我到达的第二天，大公爵本人慷慨邀请我去听宫殿中的一场音乐会，随后我还荣幸地去参加了晚宴。在这个异国的宫廷里，我获得了很多意想不到的青睐。在埃森戴克家，在我朋友博利厄的父母——奥登堡的枢密顾问官博利厄家中，我多次听到人们用德语朗读我写的那些小故事。

我可以流利地朗读丹麦语，也能在朗读中完美表达作品应有的意境。丹麦的语言中有一种力量是无法用翻译来传达的，丹麦语在表达小说这种写作形式时有着特别的优势。在我看来，我翻译成德语的童话带着一点古怪的感觉，很难让我在朗读德语童话时注入我丹麦语的精神。我的德语发音也不是很准确，还需要费很大劲儿才能说出一些特别的单词，可是德国各地的人们都怀着极大的兴趣听我大声朗读德语。我相信人们能够容忍我在读这些童话时的异国口音，因为在这种情况下，异域风格倒带来了一份童真，它为朗读平添了一份自然的色彩。我在每一处都看到一些具有很高素养的最优秀的男士和女士，饶有兴趣地听我朗读。人们请求我这样做，而我也乐意为之。我第一次在奥登堡的大公爵和一个精英社交圈面前，在一个异国的宫廷中，以一种异国的语言读我自己的童话。

冬天很快就来临了，城市周围大片的湖泊都结了冰，盖住了下面的草地。人们在冰面上滑行，而我仍在奥登堡，和我好客的朋友们在一起。一个个白天和黑夜飞快地掠过，圣诞节就要到了，这一年我想去柏林过圣诞。在我们这个时代距离又算什么呢？乘蒸汽车从汉诺威到柏林只需要一天时间！我得离开这些可爱的人们了，离开这些孩子和老人，他们仿佛紧挨着我的心。

大公爵在我向他告别之际，送给我一枚珍贵的戒指以代表他的情谊以作纪念，这让我受宠若惊。我会永远珍藏它，像珍藏我对这个国家的其他记忆一样，在这里我找到并拥有了真正的朋友。

我上一次去柏林时，作为《即兴诗人》的作者被邀请参加了意大利社团，他们只接收那些到过意大利的人。在这里我第一次见到了劳赫[1]，他满头银发，有着强壮而男子气的身材，很像多瓦尔生。没有人向他介绍我，我自己也不敢冒昧上前，于是我像其他陌生人一样，独

[1] 劳赫：Christian Daniel Rauch（1777—1857），德国雕塑家。

自绕着他的工作室散步。后来，在哥本哈根，普鲁士大使的家中，我私下里认识了他，现在我便朝他飞奔而去了。

他被我写的童话所深深吸引，他将我拥在他的胸前，表达了他最具诚意的高度赞赏。在这一刻，来自这样一位天才的尊重，亦或是过分的尊重，抹去了我脑海中的重重阴影。劳赫代表柏林第一次欢迎了我，他告诉我在普鲁士的首都我有着一大群朋友。我得承认他说得一点也没错。他们都有着高贵的思想，也是贵族阶层、艺术界和科学界一流的精英。亚历山大·封·洪保德，拉齐维乌亲王，萨维尼，还有许多让我无法忘却的人们。

我之前有一次曾拜访过格林兄弟，可是那时候我们没有进一步的交流。我没有带任何介绍信，因为我相信别人告诉我的话，那就是如果说在柏林有任何人会认识我的话，那必定是格林兄弟了。于是我找到了他们的住所，女仆问我希望与两兄弟中的哪一位见面。

“写了大部分作品的那一位吧。”我说，因为那个时候，我还不知道他们中的哪一位最喜爱童话写作。

“雅各布是最有学问的了。”女仆说。

“好的，那么就请带我去见他吧。”

我走进房间，雅各布·格林朝我站起身来，他那棱角分明的面孔显出博学的气质。

“我来见您，”我说，“没有带别人介绍信，因为我希望我的名字对您来说并不完全陌生。”

“您是谁？”他问道。

我报上自己的大名，而雅各布·格林以略带尴尬的声音说道，“我不记得我听过这个名字啊，您写过什么作品呢？”

这回轮到我尴尬不已了，不过我提到了自己的童话故事。

“我没有听说过这些，”他说，“不过请告诉我您其他的作品吧，因为我肯定听到过它们被提起过。”

我列举了一些作品的名字，可是他摇摇头。我感到自己很倒霉。

“可是您会怎样想我啊？”我说，“如果我作为一个完全陌生的人来见你，并列举出我写作的作品：您一定知道我的！在丹麦已经出版了一批来自所有国家的童话集，那是献给您的，而我至少有一篇童话被收入其中。”

“不，”他温和地说，但和我一样尴尬，“我连那也没有看过，不过很高兴能认识您，可否允许我带您见见我的兄弟威廉？”

“不，谢谢您了。”我说，现在我只盼着离开，我才遇到一个兄弟就如此不顺利了。我和他握了手，就匆忙离开了他家。

就在那个月雅各布·格林去了哥本哈根。这位可敬的人刚刚到达，还穿着旅行时的衣服，就急忙来找我了。他现在知道了我，并怀着热忱来见我。那时我正站在那儿把衣服打包进行李箱，准备去乡下旅行。我只有几分钟的时间：这样一来我接待他的时间就和他在柏林接待我的时间一样紧促了。

可是现在，我们已经像老朋友一样在柏林见面。雅各布·柏林就是那种一定会让人喜爱并依恋的一类人。

有天晚上，我在俾斯麦-博伦伯爵夫人家中朗读我的童话故事，我们的小圈子内显然只有一个特别的听众与我有共鸣，并发表了他独特而精准的意见——这就是雅各布的弟弟，威廉·格林。

“如果您当时来找的是我，那么我会对您更加了解的，”他说，“上次您来这里的时候。”

我几乎每天都能见到这对才华横溢而可亲可敬的兄弟。看起来他们也属于我被邀请的这个圈子，他们能来听我的童话故事，并参与其中，是我期待的一件乐事。只要德国的《民间童话》还有读者，他们的名字就会一直被人们提起。

而当我第一次来柏林，发现雅各布·格林并不知道我时，这件事让我十分不安。于是每当被人问起我在这座城市是否受欢迎时，我都怀疑地摇摇头，说道，“可是格林都不认识我呀。”

我听说蒂克病了，不能见客，所以我只寄去了一张慰问卡片。过了一阵子，劳赫在一位朋友家中庆祝生日，我在那儿见到了雕刻家蒂克。他告诉我最近他的兄弟曾等我来赴宴等了两个小时。我找到他，这才发现他给我发了请帖，却送错了旅馆。我接到一份崭新的请帖，与历史学家劳默尔[1]以及史蒂芬斯的遗孀和女儿们度过了十分愉快的几小时。蒂克的声音带着乐感，他睿智的眼睛闪耀着灵性，随着年岁的增长，这份灵性不减反增。《小精灵》可能是我们这个时代所孕育的最美丽的故事了，如果说蒂克只写下这唯一的一部作品，那也足够使他扬名千古了。作为童话故事的作者，我朝他鞠躬，向这位长者和大师致敬，许多年前，他是第一位拥我入怀的德国诗人，仿佛将要和我一起献身于一条同样的道路。

老朋友们都等着我去拜访，可是新的朋友每天都在出现。请柬一份接着一份。要回应如此多的好意真是需要相当的体力。我在柏林住了三个星期，而时间随着每一天都过得飞快。我几乎要被人们的盛情所压倒了。最后，我唯一让自己得到休息的办法就是钻进火车车厢，飞离这个国家。

然而在这些充满了热情友好与趣味的社交活动中，我还有一个空闲的晚上，在这个晚上我突然感到了一种极度压抑的孤独。这就是平安夜，在所有的节日中我最乐意观看这一天的欢乐气氛，并乐意站在一棵圣诞树旁，和快乐的孩子们一起开心，并看到高兴的家长们再次变回孩子。在很多家庭中我都感受到他们像真正亲人一样待我，可后来我发现他们每一家都以为我这晚肯定受到了别人的邀请。我却独自一个人待在旅馆的房间里，想着我的家。我坐在打开的窗户旁，看着繁星满天的夜空，那便是为我而装点的圣诞树了。

[1] 劳默尔：Friedrich Ludwig Georg von Raumer（1781—1873），德国历史学家。

“天父啊，”我像孩子一样祈祷着：“你会为我带来什么礼物呢！”

当朋友们得知了我孤寂的圣诞前夜，第二天晚上他们就点亮了许多圣诞树，而在这一年除夕的夜晚，有人专门为我做了一棵缀满彩灯和漂亮礼物的小树——那是出自珍妮·林德之手。整个队伍由她本人，她的随从，还有我组成。我们三个来自北方的孩子在西尔威斯特的夜晚相聚，而这棵圣诞树是为我而点亮的。她像我的一位姐妹一样为我在柏林的好运而感到高兴，而我为能得到这样一位纯洁、高贵女性的情谊而感到骄傲。在每个地方都能听到人们对她的赞扬，不仅是作为一名歌手，而且是作为一位女性。这两者结合，在她身上激发出了真正的热情。

能看到杰出的人才被理解和爱戴，是件让人身心愉悦的事情。我还见证了一件轶事，这是她伟大成就的又一个佐证。

一天早晨，我见窗外的椴树下有个人，他躲躲藏藏的，穿着破旧，他从口袋里拿出一把梳子，梳齐他的头发，抚平脖子上的领巾，然后又用手掸掸外套。那种衣衫褴褛的羞愧状态，在贫穷压迫下的消沉，我是再了解不过了。过了一会儿，传来敲门声，刚才那个人进来了。那是W——一位天生的诗人，他只是个穷苦的裁缝，却有着真正诗意的思想。莱尔斯塔勃[1]和柏林的其他人都带着敬意提起过他，他的诗歌中有一种健康和虔诚的特质。他从报上读到我在柏林，于是希望来拜访我。我们一起坐在沙发上聊天：他有着知足常乐的性格，那样纯良而品味高洁的思想。让我很抱歉自己没那么富有，不能给他一些帮助。很惭愧，我尽自己所能赠给了他微薄的支持，无论如何我都希望自己有能力让这份支持更加可观。我问道是否可以邀请他一起听珍妮·林德的演唱。

“我已经听过她唱歌了，”他微笑着说，“的确，我没有钱去买

[1] 莱尔斯塔勃：Ludwig Rellstab（1799—1860），德国诗人和音乐评论家。

票，但是我找到了配角班子的经理，问他能否让我在《诺玛》中扮演一晚上的小配角。他们接收了我，让我穿成一个罗马士兵的样子，身边佩戴着一把长剑，就这样我进了剧院。我能比任何人都更清晰地听到她演唱，因为我站得离她很近。啊，她唱得多美啊，她演得多好啊！我忍不住哭了出来，不过他们很生气，经理禁止我再出现在那儿了，因为谁也不应该在舞台上流泪。”

除了去剧院，我很少有时间去观看任何艺术机构的展览。不过博物馆的馆长，能干又可敬的奥尔费斯先生让我得以在这个展馆作了一次迅速而十分有趣的参观。奥尔费斯本人就是我的向导，我们只在那些最最有趣的展品前停下脚步，而这里并没有多少这样的物品。他的解说点亮了我的大脑，为此我真得大大地感激他。

我也有幸多次拜访了普鲁士公主，她所居住的城堡真是太舒适了，仿佛是一个童话中的宫殿。在鲜花盛开的冬季花园里，喷泉喷出的水花洒在雕塑脚下的苔藓上，紧挨着喷泉的房屋中，善良的孩子们微笑着，他们有着温柔的蓝眼睛。在我离开时，公主赐给我一本包装精美的纪念册，在其中宫殿的照片下面，她签上了自己的名字。我会将这本纪念册当作灵魂的珍宝一样守护，这不仅仅因为这件礼物的价值，还因为送礼物的人的态度。有一天上午我为她读了我的好几篇童话，她高贵的丈夫普克勒·穆斯考王子[1]也在那里聆听。

我到达柏林几天之后，就荣幸地被邀请去了皇室的宴会。由于我在那里和洪保德最为熟悉，而他对我也特别关注，我就坐在了他的旁边。我在柏林居住的这一段时间里，他一如既往地成了我最亲近的人，这不仅因为他渊博的学识，可敬、礼貌的举止，还因为他对我无尽的善意。

[1] 普克勒·穆斯考王子：Hermann, Fürst von Pückler-Muskau（1785—1871），德国贵族，一位优秀的园林艺术家。

国王非常和善地接见了我，说道他在哥本哈根的时候还问起了我，并听说我正在旅行。他对我的小说《不过是个提琴手》表达了极大的兴趣；王后陛下也温和地对我表现出亲厚之情。随后我荣幸地被邀请在波茨坦的皇宫中度过了一个夜晚，一个充满了丰富的记忆，让我永远不会忘记的夜晚！除了陪侍的王室夫人和绅士之外，洪保德和我是唯一受到邀请的人。我被指定和两位陛下坐在同一张桌子上，王后说，我的座位正是奥伦施拉格曾坐下来朗读他的悲剧《蒂娜》的地方。我读了四篇童话《枞树》《丑小鸭》《陀螺与皮球》还有《猪倌》。国王津津有味地听着，并对此作了最机智的评价。他说，他觉得丹麦的自然风景是多么美丽，而他看过一部海贝格的戏剧演得又是多么出色。

皇宫中的气氛真是太让人愉快了，人们用温柔的眼光看着我，让我感到他们都对我心怀祝福。夜里我独自待在自己房间的时候，我满脑子都想着今天晚上的事情，精神处在一种高度兴奋的状态中，以至于都无法入睡。所有的一切对我来说都像是个神话故事。塔楼里的钟声响了一夜，那回荡在空气中的音乐就混合在我的思想里。

在我离开这座城市的前一晚，普鲁士国王以另一个举动证明了他对我的厚爱和仁慈。我被授予三级红鹰骑士勋章。每一个得到这样荣誉标志的人都会感到开心的。我可以坦白地承认，我感到自己得到了极高的荣誉。从中我清楚地看到了这象征着高贵而开明的国王对我的慷慨之情：我的心中充满了感激。我收到这块荣誉勋章的时刻，正是我的资助人科林的生日，1月6日。这一天现在对我有了双重的意义。愿上帝保佑这位带给我欢乐的皇室主人，让他的灵魂也充满了欢乐！

我的最后一天晚上是和一群热情的人们一起度过的，大部分是年轻人。大家为我的健康干杯，并朗诵了诗歌《童话国王》。我直到深夜才回家，而第二天一早我就要出发去坐火车。

我在这里阐述了一部分事实，以证明柏林对我表示的喜爱和友好：我感到自己像一个因为某项任务而从某个庞大组织得到了一笔可观收入的人，现在必须要给出账目。我还应该加上其他人的名字，比如学术界的西奥多，麦格，盖贝尔[1]，赫尔林，等等。还有社交圈的人们——要清点的太多了。在我收到了这些真诚美好的意愿，这样丰厚的财富之后，现在上帝赐予了我展现它们的力量。

在一天一夜的旅程后，我又一次到了魏玛，和我尊贵的皇室继承人大公爵在一起。他是多么热切地欢迎我啊！这位年轻的王子有着一颗善良的心，和满载着高贵事业的大脑。我已经无法表达我住在这里的每一天，大公爵一家给我的无尽的厚爱，我也全心全意地忠于他们。在宫廷的节日里，还有在家庭的亲友圈中，我都有理由证明自己得到的尊重。博利厄以一位兄长的温情照顾着我。对我来说这就是一个月的安息日庆典。我永不会忘记和他在一起的那些安静的夜晚，那是朋友和朋友之间自由地交心。

我的老朋友们还没有改变。聪慧而能干的绍尔，还有朔贝尔[2]也在其中。珍妮·林德来到了魏玛，我在宫廷音乐会和剧院中听到她的演唱，我与她一同参观那些因为歌德和席勒而变得神圣的地方，我们俩一起站在他们的棺椁旁，封·穆勒大人带领着我们。在这里我们第一次见到了奥地利诗人罗莱特，他以此为主题写了一首温馨的诗，以纪念此情此景。人们喜欢将漂亮的花朵夹在他们的书页里，同样，我夹进他的这首诗：

童话的玫瑰，
你的芬芳让我心醉；
在王子和诗人们长眠的地方，

[1] 盖贝尔：Emanuel Geibel（1815—1884），德国诗人和剧作家。
[2] 朔贝尔：Franz von Schober（1796—1882），奥地利诗人、歌剧词作家。

你装点了死亡的殿堂。
在那死一般沉寂的大厅中，
你陪伴着每一口棺木。
我看见一只悲切的，
甜蜜的夜莺在做梦。

在诗人阴郁的棺木旁，
终于降临了这样的奇迹。
喜悦流过我的胸膛，
在这静谧中我感到欢喜。

你那玫瑰的夏日芳香，
还有因悲伤而哽咽的夜莺，
带着温柔的忧伤，
飘荡在死寂的大厅里。

1846年，1月29日，魏玛

在学者弗洛里普的晚间聚会中，我第一次见到了碰巧也在魏玛的奥地利作家奥尔巴赫。我对他的《乡村故事集》十分感兴趣，我觉得它们是年轻的德国文学中最有诗意、最健康、最欢乐的作品。他对我也有着同样的印象。他有着特别直爽和坦率的一面，而整个人看起来又是那样睿智。我几乎可以说，他本人看上去就像是一个乡村故事，从骨子里透出身心的健康，他的眼睛也闪耀着诚实的光芒。我们很快就成了朋友——我希望是永远的朋友。

我在魏玛的停留时间延长了，现在要我生生离开这里已经愈发困难。大公爵的生日恰好在这段时间，在受邀参加完所有的庆祝活动之后，我离开了，复活节时我必须赶到罗马。在一个清晨，我见到了大公爵，满心伤感地向他道别。在这个世界上，我永远不会忘记他生来具有的高贵地位，不过作为他最卑微的子民，我可以说，我像对待最亲爱的人一样爱着他。愿上帝为了他高贵的事业而祝福他，带给他欢乐！这位皇室的明星有着一颗慷慨的心灵。

博利厄陪我一起去了耶拿。出版商弗罗曼为我准备好了舒适的住处，这儿带着歌德时代的美好记忆。在柏林的时候，他热心的妹妹对我关爱有加；在这里这位兄弟也同样好客。

霍尔斯坦纳·麦克尔森是耶拿的一位教授，有天晚上他召集了一批朋友过来，以优雅而热忱的风度为我祝酒，表达了他对丹麦文学重要性的认识，以及其中欣欣向荣的健康和自然的精神。

在迈克尔逊家中我还认识了哈泽教授，有天晚上他也听了我的一些童话故事，对我的态度也仿佛充满了友善。他一时兴起，在一本相簿的书页上写下了心中的情绪："谢林，不是这位住在柏林的谢林，而是思想界中那位不朽的大师曾经说过：'大自然就是看得见的灵魂。'昨天晚上，通过你的童话故事，我再次看到了这被人忽视的自然，这种灵魂。从一方面说，你深刻地洞察了自然界的奥秘。你懂得鸟儿的语言，知道一棵冷杉或是雏菊的感觉，万物都是有灵的存在，于是我们和我们的孩子们便能体谅它们的欢喜和忧愁。然而，另一方面，所有的一切都是思想所创造的，使人的心灵在这无穷的时空中到处颤抖着、悸动着。愿诗人心中这一汪上帝赐予的清泉，在未来的一段时间内继续喷涌出新鲜的能量，愿这些故事在日耳曼民族的记忆中，成为人民心目中的传奇！"作为一个童话诗人，我所追寻的目标便包含在最后几句之中了。

同时，哈泽与天才的即兴诗人，耶拿的沃尔夫教授，也是我最应感激的人，是他们让我的作品在德国有了统一的版本。

我刚刚到达莱比锡，就被安排好了一切活动：我的旅行生活中加入了业务时间。这座图书销售城市为我带来了她的恭维和一笔收入，不过我的收获要更多。我又遇到了布洛克豪斯，并和有着杰出才华的门德尔松度过了一些快乐的时光。我听着他一遍又一遍地演奏，他那凝聚着灵魂的双眼仿佛一直看进了我的内心最深处。很少有人拥有像他那样火热的内心。他的妻子温柔而友善，孩子们都很漂亮，这让他富有、装点雅致的房子更显得温馨和舒适。当他拿我作品中频繁出现的鹳鸟开玩笑时，这位伟大的艺术家显得是多么孩子气和亲切呀！

我也再次见到了我优秀的同胞加德，他的作品在德国非常受欢迎。我带了自己写的一部新剧本给他看，希望能看到这部戏在德国的舞台上演。加德为我的戏剧《阿格妮特和人鱼》作了配乐，效果非常成功。我还在这儿找到了奥尔巴赫，他将我介绍进了很多友善的社交圈。我还见到了作曲家卡利沃达以及科恩，科恩可爱的小儿子很快就赢得了我的心。

我一到德勒斯登，就立即赶去拜访我母亲一般的朋友——封·戴肯公爵夫人。那可是一次快乐而衷心的欢迎！和我在达尔那里受到的款待一样热情。我又再次见到了我的罗马朋友莱尼克，一位擅长装点文字的诗人，还有和蔼可亲的本德曼。格拉尔教授为我画了肖像。然而，在我的老朋友中，我没能赶上与诗人布鲁纳见最后一面。上一次他满怀着活力与热情在房间内接待了我，我们周围摆放着可爱的花束，而现在这些花被种在了他的坟墓上。这是一种很奇特的感觉，两个人在生命的旅程中一朝相遇，彼此理解和喜爱，然后分开——直到这两人的旅程都结束为止。

皇室家庭以非同寻常的好感接待了我，我与他们一起度过了一个趣味十足的夜晚。这儿看起来也洋溢着最幸福的家庭生活——有一大群可爱的孩子，他们都是约翰王子的后代。最小的公主，一个小女孩，知道我就是写《枞树》的人，悄悄地对我说："去年圣诞节我们也有一棵枞树，它就站在这个房间里！"后来，她在其他孩子之前被带出房间，和她的父王和母后说过晚安后，她在半关上的门前转过身，友好而亲热地对我点了点头，说我是她的童话王子。

我的故事《丹麦人荷尔格》引发了大家对于北欧拥有的大量神话传说的讨论。我讲了一些传说故事，并解释了丹麦风景中独特的精神含义。在这皇宫中我一点也没有感到礼节的压力。我所接触到的都是温柔、礼貌的目光。在德勒斯登的最后一晚我是与科纳里茨大臣一起度过的，在他那里我也得到了同样最友好的接待。

太阳光暖暖地照着，当我的马车驶出这座可爱的城市时，春天已经到来了。我想起了所有让我的旅行变得如此丰富和快乐的事情：春天就在我的身旁，春天也来到了我的心中。

在布拉格我只有一位朋友，维森菲尔特教授。不过我收到了德累斯顿的卡鲁斯博士的一封来信，信中说好客的图恩伯爵为我敞开了他家的大门。史蒂芬大公爵也非常亲切地接见了我。他是一位满腹才学、热情洋溢的年轻人。除此之外，我离开布拉格时是一个非常有趣的时间点。已经驻守在这里多年的军队正急忙赶往火车站，前往暴发了骚乱的波兰。整个城市似乎都在忙于运送它的军人朋友们，要穿过通向铁路的街道都十分困难。数以千计的士兵们需要安排住宿，最后火车终于开动了。整个小山的周边都站满了人，这看上去就像是一块由男人、女人和孩子们织成的土耳其地毯，大家接踵摩肩，挥舞着帽子和手帕。我从没见过这样大规模的人群，或是至少从没在一个固定的时刻观察过他们：这样壮观的场面是画笔也无法描绘的。

我们一整晚都穿越在广阔的波希米亚地区：在每一个小镇上都站着一群一群的人，仿佛所有的居民都跑出来集会了。他们棕色的皮肤，破旧的服装，点亮的火把，还有对我来说难以理解的语言，都给人一种奇异的整体印象。我们穿过隧道，爬上高架桥，窗户哗哗地响，信号汽笛的声音时而响起，还有蒸汽车头轰隆隆的喘息声——最后我仰头躺倒在车厢里，在摩菲斯[1]的保护下沉沉入睡了。

在奥尔姆兹，我们换上新的车厢，这时一个声音叫出我的名字——是沃尔特·歌德！我们一整晚都在一起旅行，却全然不知。我们在维也纳经常见面。歌德的孙子们，不论是音乐家还是诗人，都有着高贵的力量和真正的才华。不过他们祖父的伟大似乎给他们带来了不小的压力。李斯特也在维也纳，他邀请我去了他的音乐会，否则我自己是不可能找到一个座位的。我又一次听到了他即兴演奏的《罗伯特》！我听到他像风暴的精灵一样弹奏着和弦：他真是一位声音的魔法师，让我们的想象力充溢着惊喜。恩斯特也在那里。当我们拜访他时，他一把拿过小提琴，这乐器便如泣如诉地唱起人们心里的秘密。

我又见到了和蔼可亲的格利巴泽，并常常与温和的卡斯泰利待在一起。他刚刚被丹麦国王授予丹麦国旗骑士勋章。为此他十分开心，并请求我转告我的同胞们，他会衷心地欢迎每一位丹麦人的来到。在这之后某年的夏天他邀请我去了他乡间的豪华宅邸。卡斯泰利的性格是那么开朗和体面，加上他温厚的好脾气，不得不让人喜欢：在我看来他就是一个典型的维也纳人的写照。他送给我一幅他的画像，在画像的下面他以自己非常特殊的风格写下了一首即兴小诗：

这幅画像将一直以有爱的双眼向您致意，
您会想起远方朋友的微笑；
送给您，亲爱的丹麦人，见到您很高兴，
您会永远受到人们的喜爱和尊敬。

卡斯泰利将我介绍给了赛德尔和鲍尔恩菲尔德。在丹麦大使封·罗文斯坦男爵家中，我遇到了策德利茨。我见到了许多耀眼的奥

[1] 希腊神话中的梦之神。

地利文学之星，他们在我面前一晃而过，就像坐在火车上的人们看到窗外教堂的高塔飞快掠过。倘若他们就是一颗颗明星，那么在康卡迪亚协会中我可以说看到了整个银河系。这里有着一大群正在成长的年轻知识分子，也有着一些重要人物。在好客的泽辰易伯爵家中，我看到了他来自佩斯特的兄弟，他在匈牙利以高贵的品行而知名。我将这次短暂的会面视作我在维也纳期间最有意思的事件之一。这是一位毫不掩饰自己个性的人，他的眼睛告诉你，你一定要信任他。

在我即将离开德雷斯顿之际，萨克森的王后陛下问我是否有写给维也纳宫廷中任何人的介绍信，当我告诉她没有时，仁慈的王后便写了一封信给她的妹妹，奥地利的索菲娅女大公。这位公主殿下有天晚上召见了我，待我非常亲切。皇后陛下，也就是皇帝弗朗西斯一世的遗孀，也在场，对我充满了仁慈和友好。瓦萨王子，还有继承人海赛-达姆施达特女大公也是一样友善。我对这天晚上将一直保留着亲切和有趣的记忆。我大声朗读了我的一些童话故事——当我写下它们的时候，万万想不到有一天我会在皇室的宫殿中将它们大声地读出来。

在我离开之前我还要去一个地方，那就是女作家封·维森索恩夫人的家。她刚刚离开病榻，还备受着苦楚，但很希望见到我。她仿佛已经踏在了黑暗世界的门槛上，握住我的手说道，这是我们俩最后一次看到对方了。她用一种温柔而慈爱的眼神看着我，当我告别时她那洞穿一切的眼睛一直目送我到门前。

现在我已借助铁路和驿车朝着特里斯特前进。由一节节车厢组成的长长的火车喷着蒸汽，飞驰在狭窄的岩石路面上，一路经过蜿蜒曲折的河流。路上有着这样多的急转弯，我们却没有撞上岩石，或是冲进咆哮的河流中，真是件让人惊奇的事情，同时也庆幸这次旅途的圆满结束。然而当再次坐上缓慢的驿车时，我们又幻想着重来一次之前那飞速的旅途，并赞叹起这个伟大的时代。

我们终于看到了特里斯特和亚得里亚海。我们的耳边响起了意大利语，可是对我来说这儿还不是意大利——我的梦想之地。当然过了几个小时我对这里便不再陌生。我被介绍给了我们的丹麦领事，他同时也是普鲁士和奥登堡的领事，他尽可能以最周到的礼数接待了我。我结识了一些有趣的人，特别是奥登尼尔伯爵和瓦尔德施泰因伯爵。作为一个丹麦人，我对瓦尔德施泰因伯爵是特别关注的，他的祖上就是那不幸的科尔菲兹·乌尔菲尔德，以及所有丹麦女子中最尊贵的一位——克里斯蒂安四世的女儿艾莉诺。他的房间里就挂着两位的画像，让我的眼前浮现出那个时代的丹麦记忆。那是我生平第一次看到艾莉诺·乌尔费尔德的画像，她嘴唇上有一抹忧伤的微笑，似乎在对我说："诗人啊，请用你的歌唱解开那个残酷的时代给她套上的锁链，为她活着，为她受苦便是我的幸福！"在奥伦施拉格写他的《蒂娜》之前，在这部作品中涉及到乌尔菲尔德的一段生活，我正着手以这个主题写作，并希望能将它搬上舞台，可是当时因为担心这样的主题会被禁止，我放弃了，那时候我只为乌尔菲尔德写下了四行诗句：

你的美德被蒙蔽了，你的失败却被彰显，
这世界从未听说你的伟大，
然而爱情的纪念碑仍然散发出荣光，
你那最完美的妻子从未离开过。

在亚得里亚海面，我神游回了乌尔菲尔德的时代的丹麦诸岛上。这次和瓦尔德施泰因伯爵以及他祖先画像的会面将我带回了我的诗人世界，几乎忘却了第二天我就要身处意大利的中部。在美丽而温和的天气里，我坐着蒸汽船来到了安科纳。

这是一个安静的星光满天的夜晚，太过美丽而不能浪费在睡眠中。在清晨时分我们面前出现了意大利的海岸，优美的蓝色群山上，积雪闪闪发亮。太阳光温暖地照着，草地和树木绿得耀眼。昨夜是在特里斯特，现在便来到了安科纳，一座教皇之国的城市——那几乎像是魔法的力量！我再一次看到了风景如画的意大利。在春天的滋养下，所有的果树都绽开了花朵；田野上的每一片草叶都盛满了阳光；榆树仿佛一根根缠绕着藤蔓的女像柱，树枝上抽出了新绿的叶芽，而在这一片葱郁的绿叶上方，是波浪一般还覆盖着白雪的蓝色山脊。我正与维也纳的帕尔伯爵一起（他是位来自匈牙利的年轻贵族，最出色的旅行伙伴），我们已经乘坐一辆出租马车走了五天：路途孤寂，晚上我们就住在亚平宁山脉间的小旅店里，这些旅店的漂亮外形显然要比它们的居住条件更加吸引人。终于，坎帕尼亚带着一片让人清醒的荒凉出现在我们面前。

在1846年的3月31日，我又见到了罗马，在我生命中第三次来到了这座世界级的城市。我感到那么快乐，充满了感激和欢喜之情。上帝赐予我的比其他一千个人要多得多——啊不，是成千上万的人！而即使是这样的快乐之情也是上帝的赐福，无论多大的欢喜，多深的悲伤，只有上帝是唯一可以依靠的！我的第一印象就是：我找不到其他的词汇来形容了，只有崇拜。当我挚爱的罗马铺展在我眼前时，我感到没有什么能比我给一位朋友的信更好、更精简地表达我的情感了：“我在这里日益成长直到变成废墟，我与石化的神灵们同存，而玫瑰花一直在开放，教堂的钟声一直在鸣响——然而罗马已经不是我十三年前来到这里所看见的罗马了。仿佛一切都现代化了，甚至废墟也现代化了，杂草和灌木被清除了出去。所有的东西都变得那样干净；人们曾经的生活方式似乎退役了；我不再听到街道上小手鼓的演奏，再也看不到年轻女孩们跳起沙塔列拉舞，甚至在坎帕尼亚现代文明也通过隐形的铁路悄悄进入了；农民不再相信他曾经相信的。在复活节那天，当教皇分发他的祝福时，我看到一大群来自坎帕尼亚的人们站在圣彼得堡教堂前，就仿佛他们是陌生的新教徒一样。这让我感到反感，我有一种冲动要跪在那看不见的圣徒面前。当我十三年前在这里时，所有的人都跪下了，现在理性战胜了信仰。十年之后，铁轨将把一座座城市拉得更近，那时的罗马也会改变更多。可是尽管发生了这一切，它们都是朝着最好的方向发展的，人们应该一直爱罗马，它就像是一本故事书，你总会从中发现新的惊喜，你是活在想象和现实之中。”

我第一次去意大利时，并没有欣赏雕塑的眼光，在巴黎那些绚丽的画作也将我的目光从雕像上拉走。当我第一次来到佛罗伦萨，站在美第奇的维纳斯雕像前时，我的感觉就像多瓦尔生所说的一样，“蒙住我双眼的积雪融化了”。一个崭新的艺术世界出现在我面前。现在我第三次来到罗马小驻，在一次又一次漫步于梵蒂冈之后，我对雕塑的赞叹已经远远高于绘画了。可是还有什么地方的雕塑艺术能像在罗马一样如此堂皇地走进人的生命呢？！也许在那不勒斯还能达到一定的程度吧。这样的艺术会让你不能自拔，你将学会在艺术品中欣赏大自然，形体的美将升华为精神之美。

我在年轻艺术家的工作室里看到过许多灵巧而美丽的作品，而在我的记忆中刻下最深的印记的是两座雕塑。它们都出自我的同胞杰里考的工作室。我看到了他的《赫拉克里斯与赫伯》的组像，这组作品受到《汇报》和德国其他报纸的高度赞扬，它也以古典的造型与极致的美丽，紧紧抓住了我的心。我的想象力被它注满了，然而我必须将杰里考最新的作品《战斗的猎人》放在更高的位置。这是根据模特的形象创作的，看起来就像是自然的造物。我可以确信，这样的作品散发着一种真理，一种美，一种庄严，可以让他的名字在众多的国土中被传颂！

当他几乎还是个男孩时，我们就认识了。我们俩出生在同一个岛上：他来自小镇阿森斯。我们在哥本哈根相遇。没有人，甚至他自己也不知道他有着什么样的潜质。他曾半是开玩笑、半真诚地提起自己的内心斗争，是应该去美洲成为一个野蛮人，还是去罗马成为一名艺术家——画家或者是雕塑家；当时他还不知道该怎么办。他扔掉了画笔，用黏土做雕塑的模型，他的第一个作品就是我的半身像。艺术学院并没有资助给他旅行经费。据我所知，是一位慷慨的夫人给予了他帮助。她自己也是一位没有得到资助的艺术家，却因为观察到了他身上天才的闪光点而全力帮助他，让他得以搭乘一艘商船来到意大利。一开始他就在多瓦尔生的画室工作。在数年的漂泊之中，他无疑经历了许多天才与世俗欲望之间的挣扎，不过现在幸运之星照耀在他的头顶。当我来到罗马时，看到他饱受病痛折磨，神情忧郁。他无法忍受意大利炎热的夏季，很多人都说他除非搬到北方去，呼吸那儿凉爽的空气，洗一洗海澡，否则他是不会痊愈的。各大报纸上都回响着对他的赞誉，他的工作室里摆放着伟大的作品，可是人不能只靠精神食粮来活着啊。有一天来了一个人，我觉得他是位俄罗斯的王子，他预订了《猎人》这套雕塑，就在那天又有另外两位客人预订了作品，杰里考欢天喜地地告诉了我。过了一些日子他便与妻子——一位天赋极高的画家，去丹麦旅行了。他回到罗马时已经是冬天，身强体壮，精神抖擞。在这里他雕刻的凿子又将响起来，我希望全世界都听到这些声音。我的心也会随着这声音欢快地跳动！

在罗马我还遇到了另一位雕塑家，科尔贝格，他目前还只在丹麦知名。不过大家对他的评价很高，他是多瓦尔生的学生，也是这位大师最喜爱的后辈。他为我塑了一尊半身像以作纪念。我还再次与温和的库赫勒相聚，看到了他画布上那些宛如天成的图景。

我有一次和罗马的人们一起坐在剧院里看滑稽的木偶戏，听着孩子们的欢笑。德国的艺术家们，瑞典人，还有我自己国家的同胞们都给了我真诚的款待。他们还为我过了一个快乐的生日。封·歌德夫人也在罗马，她所住的房子恰好是我写《即兴诗人》之时的住所，也是小说中主人公度过童年时光的地方。歌德夫人便从那里为我送来一捧五颜六色、芳香四溢的罗马大花束。我们受邀与丹麦、瑞典和挪威的朋友们相聚，瑞典画家索德尔马克为我的健康祝酒。从朋友们那里我收到了许多漂亮的画和可爱的纪念品。

我与汉诺威的外交大臣昆斯特纳度过了很多愉快的时刻，他是位非常和蔼的人，在诗歌、音乐和绘画上造诣颇深。在他的家中我第一次真正地看到了由诗意的思想而生成的花卉画。他在一间屋子里向我们展示了一幅描绘四季花卉的蔓藤图饰。它由春天的花朵开始，番红花，雪花莲，等等。然后是夏天的花，随后是秋天，最后这花环以十二月份的红浆果和黄棕色叶子结束。

我无时无刻不在奔波，总想抓住每一个瞬间，要看到每一件事物，最后我感到自己被那永不停息的西洛可风[1]感染得不轻。我并不适应罗马的气候，于是，在领略过了穹顶和烛台的光彩之后，复活节刚过，我就迅速启程了，经过特拉契纳来到了那不勒斯。帕尔伯爵与我同行。我们进入了圣卢西亚：面前就是大海，还有燃烧的维苏威火山。那真是一个个辉煌的夜晚！月光之夜！仿佛九重天空都升了起来，星星们都隐退了。光的效果是多么美啊！北方的月光会在河水上洒下银子，在这里则是金子。灯塔上时而亮起炫目的灯光，时而完全熄灭。渔船上的火炬熊熊燃烧着，在水面上投下方尖石碑一般的火光，有的火炬藏在黑影一般的船身中，而影子下面的水面被照得通亮。你会想象可以一直看到水底，看到鱼儿和植物在飘动。街道两旁，卖水果和鱼的商铺里闪烁着成千上万的点点灯光。这时又走来一群提着灯笼的孩子，他们列队朝着圣卢西卡教堂前进。有些孩子连人带灯笼摔倒了，可是他们的队伍还站立着，像是这盛大的灯光戏剧中的英雄。维苏威火山吐着血红的火焰，喷出明亮的烟雾。我再次游览了卡布里岛和伊斯基亚岛。那炽热的阳光，还有强劲的西洛可风在那

[1] 西洛可风是从北非吹向南欧的风沙性热风。

不勒斯逗留了许久，让我不得不离开，去了塔索[1]所在的城市——萨兰托。这儿的葡萄藤叶搭起一片阴凉，空气对我来说也凉爽了一些。就在这里我写下了这些篇章。在罗马，在那不勒斯的海湾，在比利牛斯山脉之间，我写下我一生的故事。

著名的“阿尔科圣母节”将我召唤回了那不勒斯，我在城中托雷多大街附近的一间旅馆住下了，并找到了一对出色的房东。之前我只在冬天的时候住过这里。现在我可以看到在酷暑和喧嚣中的那不勒斯，不过我从未想象出那会是何种程度的酷暑和喧嚣。灼热的阳光直射进狭窄的街道，射进露台的门。我得关上所有的门，不容一丝空气被搅动。街上的每一个小角落，每一个有阴影的地方都挤满了干活的手艺人，他们快活地大声聊天；马车从旁边驶过；车夫尖声喊叫；其他街道上的喧闹声则像海水一般咆哮而来；教堂的钟每分钟都在响；我对门的邻居，上帝才知道那是什么人，从早到晚都在练声乐。这已经足够叫人发疯了！

西洛可风吹来滚烫的热流把我完全打败了。圣卢西亚已经找不到另外的房间可躲，而海水浴似乎并没有让我振奋起来，而是使我更加虚弱。于是我又来到了乡下，可是那里的阳光一样炙热。尽管空气没有那么压抑了，可是这环境对我来说仍然像是赫拉克里斯的毒斗篷（赫拉克里斯是希腊神话中的大力神，他死于一件沾有毒血的斗篷。），抽走了我的力量和精神。我，曾经幻想着自己是位真正的太阳之子，如此坚定地依恋着南方，现在却不得不承认我的身体里存着北方的积雪，这积雪开始融化了，而我也越来越痛苦。

大部分异乡人和我有着同样的感受，就像那不勒斯人自己说的，这年夏天异乎寻常地热；许多人都离开了。我本应该做同样的事，可却不得不为一封信用证等待了一些日子。它是按时送到的，只是我的

[1] 塔索：Torquato Tasso（1544—1595），意大利诗人。

会计拿到手后忘记了。当然我在那不勒斯还是得到了不少见识；许多家庭都为了我敞开了门。尽管我的意志比不过那不勒斯的炎热，但我还是尝试着出门了，结果我的情况变得很糟，以致到了该离开的时候，我不得不静静地躺在我闷热的屋子里，到了晚上也没有一丝凉风。从清晨到黄昏到午夜，一直能听到嘈杂的钟声，人们的喊叫声，石头路面上的马蹄声，还有前面提到的那位邻居的练歌声——这真是让人痛苦！因此我只好放弃了去西班牙的打算，特别是当我确认了那里和这儿一样炎热之后。医生告诉我，在这个季节里，我是无法忍受这样的旅行的。

我搭乘了“卡斯特尔”号蒸汽船前往马赛。船上人满为患，整个甲板上，即使是最好的位置，都被行李箱占满了，我就把自己的床放在其中一件行李的上方。许多人都开始效仿我，于是甲板上很快又铺满了床垫和毯子。海风强劲地吹着，风越来越大，在第二天和第三天晚上就升级成了一场暴风雨。船身如同一只木桶在海面上左右摇晃，海浪冲上船的一边，掀起了船舷上方的顶盖，仿佛将要伸进头来瞪着我们。我们感到自己快要被四散的行李撞成碎片，或是被海水冲走了。人们痛哭哀泣着，可是我静静地躺在那儿，看着头顶涌动的乌云，想着上帝和我爱的人们。当我们终于到达热那亚时，大部分乘客都上了岸。我本来是愿意和他们一起的，这样我就能路经米兰前往瑞士，可是我的信用证寄到了马赛和几个西班牙的海港。我只好再次踏上甲板继续航行。海面风平浪静，空气清新，在这迷人的萨丁尼亚岛沿岸航行是最愉快的一次经历。我精力充沛，重获新生一般来到了马赛。在这里我觉得呼吸更加顺畅了，去西班牙的念头便再次燃起。我曾经计划将这个国家作为我旅行的最后一站，一个完美的结束。当我状态不佳时不得已放弃了这一计划，可现在我已经好多了。于是我将自己被迫停留马赛的经历视作上天给我的指示，并下决心冒险继续这个旅程。这时候去巴塞罗那的船刚刚启航，下一班次还得等上好些日子。因此我决定花几天时间去法国的南部，从那里穿越比利牛斯山脉。

在离开马赛之前，我幸运地得以和一位来自北方的朋友小聚，他就是欧里·布尔[1]！他刚从美国来，在法国他得到了热烈的欢迎庆典和献礼，这是我亲眼见证的。我们在帝国旅馆的餐厅相遇，并很快凑到了一起。他告诉了我他自己没有预料到的事情，那就是我的作品在美国也广为传播，人们怀着极大的兴趣向他问起我，我的英译本小说被一次次加印，在整个国家都散布着廉价的版本。我的名字已经飞过了大洋！想到这里我觉得自己是那样微不足道，但又感到高兴和幸福。我怎么会受到成千上万人的喜爱，得到如此的快乐呢？

我曾有、并仍有着这样的感觉，仿佛有人将一件皇室的斗篷扔在了我这个农家穷小伙的肩头。可我又一直为这所有的一切而快乐！这是虚荣的表现，还是我喜悦心情的表达呢？

欧里·布尔去了阿尔及尔，我则出发前往比利牛斯山。经过了很有丹麦风格的普罗旺斯后，我来到了尼姆，这里有着罗马式的圆形剧场，这样壮丽的景象迅速将我带回了意大利。我从未听过法国南部这些大量而壮观的古迹得到他们应有的赞扬。那所谓的“方阁”[2]仍然辉煌地站立着，就像是雅典的西修斯神庙：在罗马也没有保存得如此完好的古迹。

在尼姆住着面包师傅勒布尔，他写下了最动人的诗歌，那些碰巧没有听说过他的人，可以通过拉马丁[3]的《东方游记》来认识他。我听说他就在家中，于是走进面包店，问起一个带着袖套、正在将面包放入烤箱的人，他就是勒布尔本人！这位面容高贵，颇有男子气概的人向我问好。当我提到自己的名字时，他彬彬有礼地说他通过《巴黎评论》已经熟知了我的名字，并请求我下午再来拜访他，那时他便可以

[1] 欧里·布尔：Ole Bull（1810—1880），挪威小提琴、作曲家。
[2] 方阁：Maison Carrée，位于法国南部尼姆的一座罗马式神庙。
[3] 拉马丁：Alphonse de Lamartine（1790—1869），法国诗人、历史家及政治家。

更加周到地接待我了。当我再次过来时，他站在一个小房间内。这儿几乎能以优雅来形容，屋里装点着图画、摆件和书本，不仅仅是法国文学，还有希腊经典作品的译本。墙上的一幅画上有他最著名的诗歌《垂死的孩子》，这个主题来自马米耶的《北欧之歌》。他知道我也写过同样的主题，于是我告诉他那还是我在上学的时候写下的。如果说早晨站在我面前的他还是一位勤劳的面包师，那么现在他就完全是一位诗人了。他兴奋地谈起他们国家的文学，并希望能去北方看一看，他似乎对北方的景观和文化生活很感兴趣。我怀着崇高的敬意告别了这位获得缪斯女神慷慨馈赠的人，他在得到了如此多的荣誉之后，还能以良好的心态守住自己本分的职业，宁愿做尼姆最优秀的面包师，也不要在短暂的辉煌之后，湮没在巴黎成百上千的诗人中间。现在我乘坐火车从蒙彼利埃前往赛特，法国的火车速度飞快，我们一路飞驰，仿佛在与疯狂的猎手比赛一样。我不由自主地想起了在巴塞尔[1]的街角，在曾经画着著名的“死亡之舞”的地方，现在用偌大的字母写上了“死亡之舞”，而正对面的一角便是“通向铁路”这几个字。这处在法国边境上的并列景观引人遐思，在飞驰的列车上我想起这景象，车头的汽笛声仿佛在释放着舞蹈的信号。在德国的铁路上人们便不会有如此狂野的想象。

岛上的居民是如此热爱大海，正如山地的居民是如此热爱群山！

在我的眼中，每一个海港城市，不管它有多小，都接受了大海独特的馈赠。是不是因为大海，也许还要加上我在赛特城两户人家中听到的丹麦语，让我感到这个城市如此像我的家乡呢？我也不清楚，不过比起法国的南部，这里更让我有身处丹麦的感觉。当你漂泊在异国他乡，走进一所房子，里面从男主人、女主人到仆人，大家全都说着你故乡的语言，那么这些乡音便拥有了真正的魔力：它们就像是浮

[1] 瑞士的城市。

士德的斗篷，在刹那间就将你、这屋子，还有一切，运送到了你自己的故乡。然而，这里可没有北方的夏天，有的是那不勒斯的烈日，这烈日几乎可以烧化浮士德的帽子。火热的阳光摧毁了所有的力量。即使是在这里，也很多年没有遇到过这样炎热的夏天了。周围的乡下传来有人死于暑热的消息：连夜晚都是高温。我之前曾被告诫过自己无法承受去西班牙的旅行。我也感受到了这一点，可是西班牙之行将是我旅程的完美终点。我已经看见了比利牛斯山，那蓝色的山脊在诱惑着我——有天清晨我便发现自己登上了蒸汽船。太阳升得更高了，它在我们头顶燃烧，在辽阔的水面燃烧，河水里有无数像果冻一样的水母，仿佛太阳的光线将整个大海变成了让人恶心的动物世界。我之前从未见过这样的景象。在朗格多克运河上我们都上了一艘大船，这艘船显然是为运送货物而非人设计建造的。甲板上堆满了盒子和箱子，箱子上面又挤满了撑着阳伞寻找阴凉处的人们。船上简直没办法挪动脚步，在这堆箱子和人的周围没有一根栏杆，全靠三四匹套着长绳的马在拖动。下面的船舱里也是一样拥挤，人们紧挨着彼此坐在那儿，就像是糖罐里的苍蝇。一位被暑热和烟草味熏得晕倒的夫人被抬进来，放在唯一空出来的一块地板上，她被抬过来透透气，可是这里那里都没有空气，尽管有那么多扇子在徒劳地扇动，没有点心零食，甚至连杯水也没有，只有运河里那热乎乎的、黄色的河水。船舷的窗户外边垂下穿着靴子的腿，遮挡住了光线，同时也给这令人窒息的空气里添加了新的内容。被关在这样一个地方，你还不得不听一个总想说点俏皮话的男人唠叨，他的嘴里吐出一长串的话语，就像是船边上滔滔不绝的河水。我在箱子、人和伞中间挤出一条路，站在一片滚烫的热浪中。两边都是永远一致的景象，绿草地，绿树，排水阀门；绿草地，绿树，排水阀门……然后如此重复，这真够叫人发疯的。

从贝济耶出发半小时后我们便上了岸；我几乎要晕倒了，而这里还没有马车，公租车没有料到我们到得这样早。太阳残酷地炙烤着大地。人们说法国的南部是天堂的一角，在当前的炎热环境下，我觉得这儿是地狱的一角。贝济耶的驿车已经在等候，可是所有的好位置都被占据了。于是我第一次，希望这也是最后一次，钻进了这种交通工具的尾部。一个穿着拖鞋的丑陋妇人在我身旁坐下，她高高的头巾挂下来，足有一码长，现在又进来一个唱着歌的水手，显然是喝多了。然后是两个脏兮兮的家伙，进来的第一个动作就是脱下他们的靴子和外套，然后坐在这一堆东西上面。这里又热又脏，开动的驿车卷起厚厚的尘土，阳光射进来刺得我无法睁眼。过了纳尔博纳，我已经无法继续忍受了。我病恹恹的，饱受折磨，正想休息下，又来了一群宪兵要看我的通行证，然后正当夜晚降临时，邻近的一个村子偏偏失了火，火警声猛响着，消防车隆隆地开过来，仿佛所有折磨人的精灵一下子全被放了出来。从这里一直到比利牛斯山都不停地有人检查通行证，叫人疲惫不堪，即使是在意大利也没有这样的情况。他们给你这样的理由，这里靠近西班牙的边界，有一群逃犯从那里过来，附近还发生了几起谋杀案。在我当时的身体情况下，这一切都让这次旅途成了真正的折磨。

我到了佩皮尼昂[1]。太阳也赶走了这里各条街道上的人影，只有当夜幕降临时人们才走出来，可那时他们汇成了一股咆哮的洪流，好像有一场真正的骚乱就要毁掉这个城市了。拥挤的人群像波浪一般游移在我的窗下，一声洪亮的叫喊响起来，这声音刺透了我虚弱的身体。那是什么呀？是什么意思？“早上好，阿拉戈先生！”那最洪亮的声音回响着，又有上千个声音重复着这话，音乐奏了起来，是那位著名的阿拉戈[2]，他就住在我隔壁的房子里：人们正在向他致敬，献上小夜曲。这已经是我旅途中第三次见证小夜曲了。阿拉戈从阳台上向大家

[1] 法国南部城市。
[2] 阿拉戈：François Arago（1786—1853），法国数学家、物理学家、天文学家。

打招呼，街上满是人们的尖叫声。我的一生中鲜有像这样让我感到病重的夜晚，这喧闹声穿透了我全身的神经，随之而来的美妙的歌声已经无法抚慰我。病成这样，我放弃了所有去西班牙的想法，感到这是我不可能完成的事情了。啊，我要是能恢复足够的体力到达瑞士，那该多好！想到回程我便恐惧万分。人们建议我尽可能快地去比利牛斯山，去那里呼吸山上的新鲜空气：有人为我推荐了韦内特凉爽而舒适的海水浴场，并为我写了一封介绍信给那里的负责人。在一整晚加上上午几个小时的疲惫旅途之后，我到达了此处，就在这里我写下了最后的几页。空气是那样凉爽，那样让人振奋，我几个月没有呼吸到这样的空气了。在这里休息了几天我就完全恢复了过来，我在纸上奋笔疾书，我的思想飘向了美妙的西班牙。我像摩西一样站着，眼看面前的大陆，却无法踏上这片国土。不过如果上帝允许，我会在未来的某个冬天从北方飞驰到这里，来到这片丰饶而美丽的土地，而今的我不得不在太阳火焰一般的利箭之下后退。

那时候韦内特还不是最出名的温泉浴场之一，不过它也自有一番独特的魅力，一年到头都会有游客光顾。去年冬天这儿最有名的客人就是伊布拉欣·帕夏[1]了，女主人和侍者们至今还把他的名字挂在嘴边，将他的来访当作是这里最大的荣耀；他所居住的房间被作为珍藏品来展示。在关于他的轶事中现在正流传的是他说的两个法文单词的故事，merci[2]与Trés Bien[3]，他的发音完全错了。

从每一个方面来说，韦内特在众多的浴场中还处于一种原始的状态。管理者只是因为这里高额的收入才将它提升到欧洲一流浴场的级别。此外，住在这里的人们会有隐居的感觉，在其他任何浴场是没有这样与世隔绝的状态的。这里没有建造任何提供娱乐的设施，需要

[1] 伊布拉欣·帕夏：Ibrahim Pasha（1789—1848），埃及王子和将军。
[2] 法语，谢谢。
[3] 法语，非常好。

消遣的游客必须靠步行，或是骑着驴到山间闲逛。不过这里的一切都是如此奇特而丰富，以至于人们并不期待人工制造的乐趣。这里似乎将一些习性完全相反的自然元素汇集到了一起，兼具北方和南方的特色，有山地植被也有河谷植物。在某一点你可以看到成片的葡萄园，还有高山上一块块玉米田和绿草地，以及堆成一个个小山丘的干草垛，从另一处你便只能看见裸露的，像金属一般的岩石，石块上突起形状奇特的峭壁，又长又细，看起来像是破损的雕像或石柱；现在你走在一片白杨林下，穿过低矮的草地，地上生长着芳香薄荷，是完全地道的丹麦品种，就像是直接从锡兰岛上铲下来的一样。一会儿你又站在一处岩壁之下，柏树和无花果树从葡萄叶子间钻出来，这一角便带了意大利的风情。然而这所有一切的灵魂，这贯穿在群山中，数不清的清晰入耳的脉动声，便是泉水。这些潺潺流动的泉水中有着生命的力量！它跳跃到每一个地方，在苔藓中低吟，冲过巨大的岩石。这儿有一种无法用语言表达的动感和生命力，你可以听见无数串水珠永不停歇的合唱：在头顶，在脚下，在周围所有的地方，你都能听见河中仙女们的喃喃低语。

在高高的山崖上，一处峭壁的边缘，有一处摩尔人城堡的废墟，天上的云朵就挂在它的露台上，有一条小路通向城堡的大厅，现在只有毛驴在这路上行走。从这里你可以欣赏整个山谷的景象，细长而狭窄的山谷像是绿树汇成的河流，蜿蜒流动在枯焦的红色岩石之间。在这绿色山谷的中间又升起一块高地，那就是韦内特小镇，只消加上一个清真寺的尖塔，它看上去就是个保加利亚小镇。镇上有个衰败的教堂，墙上打了两个长长的洞作为窗户，一座破败的塔紧挨着教堂，这就是镇上的高层建筑了，下面便是深棕色的屋顶，还有脏兮兮的灰色房子，没有窗户，只有一块块打开的窗板——不过这当然也是一片生动的风景。

不过如果你亲自走进这个小镇，药剂师的商铺和书店都在这里，唯一的印象就是贫穷了。几乎所有的房子都是由不成形的石头一块块堆起来的，两三个昏暗的洞口就形成了门窗，燕子从洞里飞出飞进。不管我走进谁家，都能从千疮百孔的一楼地面看到昏暗而杂乱的地下室。墙上通常挂着一小块连着毛皮的肥肉，别人告诉我这是他们用来擦鞋子的。卧室里用最鲜艳的色彩画上了圣人、天使、花环还有王冠，看起来像是在绘画艺术原始时期的作品。

这儿的人生得奇丑无比，就连小孩子们都长得和地精一样，童真的表情也无法缓和他们粗陋的面容。可是经过几小时路程到山的那一边，靠近西班牙的一侧时，便可以看到漂亮的脸蛋了，还有闪烁着快乐的棕色眼睛。韦内特给我留下的唯一一幅诗意的图景便是这个：在集市上，一棵枝繁叶茂的大树下面，有位流浪的小贩铺开了他所有的货物，手帕、书籍、图画，这简直是整个杂货店，而地面就是他的桌子，小镇上所有的丑孩子们，被烈日晒了个透，都聚集在这些美妙的东西周围。几个老妇人也从她们敞开的店门里伸出头张望，来温泉浴场的游客，淑女和绅士们骑在马背或者驴背上，浩浩荡荡地从这里经过，而两个小孩子半躲在一堆木板后面，扮演着公鸡，一直叫个不停，“喔—喔—喔！”

要塞城市维尔弗朗什就更有一个城镇的样子，适宜居住，设施完备，有着路易十四时代的城堡。它离这里只有几个小时的路程。从奥勒特到西班牙的路就经过这里，人们还有一些贸易往来。许多房屋用大理石雕刻成美丽的摩尔式窗户，引人注目。教堂也带着一半的摩尔风格，祭坛的样子和西班牙教堂中没什么区别，圣母和圣子站在那里，全身镀上了金银。我刚刚来这里居住的时候就去过了维尔弗朗什，所有的游客都和我一起过来了，结果远近各地的马和驴子都被带到这里来；马儿被拴到了浴场经理的一辆古老的大马车上，供来来去去的人们使用，几乎成了一件法国的公共交通工具。驾车的是一位最和善的霍尔施坦纳先生，他是公司里最好的骑手，还有大仲马的一位朋友——著名画家道扎茨。我们参观了堡垒、营房和山洞，也没有错过小镇科耐利亚，这里有着独特的教堂。到处都能看到摩尔人的权力与艺术留下的痕迹。这附近的每一样东西都带有更多的西班牙特色，人们的方言也介于法语和西班牙语之间。

就在这清新的山野中，就在我尚未了解她的美丽与缺陷的国土边界上，我将结束这些篇章，它们也会带着自己的美丽与缺陷，成为我生命中的一道边界线。在我离开比利牛斯山之前，我写下的这一大部分人生的篇章就会飞去德国，我自己也会跟随它，而我新的未知的人生章节又将开启。那会是什么样子呢？我不知道，可是，我会怀着感激，带着希望向前看。我的一生，不管是光彩的还是阴郁的日子，都在朝最好的方向发展。这就像朝着一个已知的目的地航行，我站在船舵旁，我已经选择了自己的道路，但上帝掌握着风暴与大海。他也许会将我指向另外的方向。那么，不管发生什么，对我来说那都是最好的。这信仰深深植根在我心上，让我感到幸福。

到现在这一刻为止，我一生的故事便铺陈在眼前了，这样丰富而美妙的故事是我自己无法虚构的。我感到自己是个幸运的孩子，我遇到的每一个人几乎都带着爱意和坦率，而我对人性的信任也很少被辜负。从王子到最穷苦的平民身上，我都感受到了高贵的人性。怀着对上帝和人类的信任而活着是件开心的事。在这里，我像是和最亲爱的朋友们坐在一起，敞开心扉，满怀信心地讲述了我一生的故事，讲述我的悲伤和欢乐，也表达了我在每一次得到掌声和认可时的喜悦，我相信在上帝面前我也会这样讲述。可是，这是一种虚荣心吗？我知道不是的：我的心在感动的同时又是谦卑的，我的思想里是对上帝的感激。我讲述这一切不仅是因为我的作品全集中需要这样一部自传式的记述，也有另外的缘故，就像我已经说过的一样，我一生的经历将是对我所有作品的最好注解。

再过几天我就要和比利牛斯山告别了，我会从瑞士回到亲爱、友好的德国，在那里有太多的欢乐注入了我的生活；在那里我拥有太多诚挚的朋友；在那里我的作品受到了如此多的善意和鼓励；在那里，我写下的这些文字也将得到和善的批评。当圣诞树上的灯光亮起，当像人们所说的，白色的蜜蜂飞舞起来时——我将会，只要上帝允许，再次回到丹麦我亲爱的朋友们中间，我的心中充满了旅行的花絮，我的身体和思想都更加强大。然后我将在纸上写下新的作品，愿上帝赐予它们祝福！他会的。我的头上有颗幸运之星在照耀，有成千上万的人比我更有资格得到这幸运。我自己常常想不通，为什么我偏偏比无数的其他人幸运，能够得到如此的欢乐？但愿它继续照耀着我！即使它将沉落，也许就在我结束这几行字之时，它也已经闪耀过，我也得到了自己最丰厚的收获了。就让它落下吧！最好的事情仍会从这里萌发。向上帝和人类致谢，我爱你们！

韦内特（比利牛斯山东部居所），1846年7月

H.C.安徒生